CARLO CARRETTO
GOTT AUF DER SPUR

Carlo Carretto

GOTT

AUF DER SPUR

Verlag Neue Stadt – München
Paul Pattloch Verlag – Aschaffenburg

Titel der italienischen Originalausgabe: Il Dio che viene
© 1971 Città Nuova Editrice, Rom
Übersetzung: Dr. H. Wagner

1978, 4. Auflage
© Alle Rechte der deutschsprachigen Ausgabe bei Paul Pattloch
Verlag, Aschaffenburg
Umschlagentwurf: D. Assmus
Gesamtherstellung: Negele-Druck, Augsburg
ISBN 3-557-91068-7 (Paul Pattloch Verlag)
ISBN 3-87996-008-9 (Verlag Neue Stadt)

EINLEITUNG

Wir haben die vielleicht dramatischste Epoche der Welt- und Kirchengeschichte begonnen.

Unsere eigenen Dimensionen fallen mit den Dimensionen des Kosmos zusammen. Die Geschwindigkeit der Umwandlung macht selbst einen einzigen Tag unbeständig. Der Mensch stellt alles in Frage. Wie niemals vorher weiß er sich als Mithandelnder und Baumeister seines Schicksals, gleichzeitig aber auch als unbedeutendes, verlorenes Atom auf der unendlichen Milchstraße.

Die Kirche, jene Kirche, die gestern noch im Herzen und im Geist vieler Menschen der Garant für Sicherheit und Beständigkeit war, ist heute der Kriegsschauplatz aller nur möglichen Auseinandersetzungen geworden. Päpste und Bischöfe sind beängstigt, und selbst der einfachste Christ ist vereinsamt in der immer mehr anonymen und sonderbar unruhig werdenden Masse.

Viele erstarren in Untätigkeit und Isolierung, andere lenken sich durch irgendein Hobby ab, und nicht wenige nehmen die Rolle der Propheten an, ohne allerdings die Prophetengabe zu besitzen. Viele aber schanzen sich in der Vergangenheit ein, träumen von Zeiten, da man noch auf Latein betete, Freude an Prozessionen hatte und aufs Wort gehorchte. Alle tun schließlich ihr Bestes, um dem Leben auch nur einen Tropfen Vergnügen abzugewinnen – und nehmen dabei den Mund voll von Reden über die Dritte Welt. So arbeiten sie am wirksamsten mit, um den Menschen aus seinem Gleichgewicht zu bringen und ihn in die Arme von Wohlstand, Sex und Droge zu werfen, in die Kultur eines untergehenden Reiches.

Wir leben gleichsam in einem Haus, über das ein Wirbelsturm hinweggerast ist, oder in einem Haus, das von Erdbeben erschüttert wurde. Ohne daß es ganz zerstört wurde, ist dieses Haus aber nun unsicher für uns geworden, und wir haben Risse entdeckt, die uns beunruhigt und eine unbestimmbare Traurigkeit ins Herz gelegt haben.

Ich möchte sagen, wir sind in wenigen Jahren um Jahrhunderte gealtert. Unsere geistige Vergangenheit scheint uns weit, weit entfernt, obwohl sie gestern noch Gegenwart war. Weit zurück liegen Sicherheit, Beständigkeit, dogmatische Überzeugung.

Sollte ich die Welt von heute in einem Bild darstellen, so würde ich sie wie einen Astronauten zeichnen, der stolz im Weltall herumfliegt, ohne zu merken, daß seine Kapsel von irgendwelchen Meteoriten durchlöchert wurde. Und so würde ich die Kirche in diesem Bild darstellen: Maria und Josef auf der Rückreise von Ägypten nach Nazareth. In den Armen tragen sie die Schwachheit und unendliche Armut des Mensch· gewordenen Gottes: das Jesuskind.

Aber ist das alles nur schlecht? Gibt es nicht vielleicht doch irgendwo in dieser verfahrenen Situation, in dieser Krise, der wir nicht gewachsen zu sein scheinen, eine gute Wurzel, ein Lebensprinzip?

Kann man aus dem Zusammenbruch dieser Vergangenheit, unserer Vergangenheit, nicht noch etwas Positives herüberretten? Kurz gesagt: Ist das, was auf uns zukommt, Anzeichen eines Unterganges oder eines neuen Aufbruchs in der Geschichte und in der Kirche?

Wird der Institutionen-Erdrutsch alles mit ins Grab ziehen, oder legt er etwas frei, das in der Tiefe des Lebens von Kirche und Welt gerade geboren wird?

Es ist sehr schwer, auf solche Fragen zu antworten. Als erstes läßt sich immerhin das sagen: Ein bißchen Unsicherheit tut uns ganz gut, da wir doch sehr an dogmatisches Denken, an die unerschütterliche Kraft unserer Behauptungen gewöhnt sind. Es tut uns gut, das mittelalterliche Überlegenheitsgefühl abgelegt zu haben, denn es hinderte uns doch immer, mit den anderen ins Gespräch zu kommen. Heute sind wir nicht mehr so ganz sicher in der Überzeugung, wir säßen in einem absolut festen Schiff, unser Glaube sei unerschütterlich und kenne keine Schwächen.

Es kann uns, die wir Kirche sind, sicher nicht schaden, ein wenig demütiger, kleinlauter, verletzbarer zu werden, die anderen nicht ständig als «die anderen» zu sehen, nicht nur uns der Auferstehung und des Triumphes Christi zu rühmen, ohne gleichzeitig auch die erschütternde Wirklichkeit seiner Kreuzigung und seines Todes anzunehmen.

Und dann ist da noch ein weiterer Umstand, der uns nicht schmeckt, auch wenn er uns erwachsener macht, reifer: Unüberhörbar hat die Stunde der Wahrheit geschlagen – für uns – für alle.

Das heißt, wir können uns nicht mehr verstecken hinter vorgeformten Meinungen und abgerundeten Vorschriften, hinter einer für allemal gesetzten Ordnung und hinter ehrwürdigen Überlieferungen.

Dies alles ist in Frage gestellt, wird neu durchdacht und

beurteilt im Lichte eines reiferen Glaubensbewußtseins. Alles wird realistisch gesehen – heute ist das Brot wirklich Brot und muß an alle Menschen ausgeteilt werden. Der Papst ist der Papst und nicht «Gott auf Erden». Glaube ist Glaube und nicht Gefühl oder Verstand. Das Gemeinwohl ist das Wohl aller, nicht die Summe der Interessen einiger weniger. Der Gehorsam ist Gehorsam, nicht Willkür oder Autorität oder stumpfe Gleichgültigkeit des Unterlegenen. Die Kirche ist die Kirche, nicht eine Gruppe von Unantastbaren.

Vor allem aber geht es darum, eine wichtige Entdeckung neu zu machen, einen Fixpunkt festzusetzen, eine Begegnung zustande zu bringen. Der Glaube muß gefestigt werden, und zwar der an einen persönlichen Gott. Ich möchte sagen: in gewisser Weise muß jeder von uns Gott wiederfinden – den Gott Abrahams, den Gott des Moses, den Gott des Elia, den Gott des Evangeliums. Über eine lange, allzulange Zeit hin war die Kirche einer echten Glaubensbegegnung mit dem persönlichen Gott hinderlich.

Wir haben an die Kirche geglaubt, und diese glaubte ihrerseits an Gott. Wir haben uns der Kirche blind anvertraut, ihr oblag das Gespräch mit Gott. Die Kirche war für uns wie eine Mutter, die es ihren Kindern abnahm, in all ihrer Armseligkeit und Nacktheit vor die Herrlichkeit des Vaters hinzutreten.

Die Lehre der Kirche hatte bei vielen von uns den Platz der Lehre Christi eingenommen. Die Kontemplation des Papstes ersetzte die persönliche Kontemplation des Transzendenten.

Ich erinnere mich noch gut, wie es in meiner Jugend gang und gäbe war zu sagen: «Ich weihe mich ganz der Kirche, ich verschreibe mich der Katholischen Aktion, der katholischen Universität, oder ich gehöre ganz meinem Bischof.» Völlig vergessen wurde dabei, daß man sich nur Gott ganz weihen oder hingeben kann und nur ihm allein.

Die Fassade der Kirche mit ihrem ganzen Drum und Dran füllte unseren Horizont aus. Dann ist diese Fassade gefallen, genauer gesagt, sie ist durchsichtiger geworden. Unser Gewissen war nun fähig, eine echtere Hierarchie der Werte aufzustellen. Wir fühlten uns wie Termiten, die, nachdem sie mit Gewalt aus der gewohnten Dunkelheit herausgezogen worden sind, sich nun unter den hellen Strahlen der Sonne winden und dadurch ihre Unfähigkeit zeigen, am Tageslicht zu arbeiten.

Noch fühlten wir uns unfähig, mit Gott direkt und ohne Dolmetscher zu reden. Wir fühlten uns allein in den Ruinen des Gebäudes einer Institution, die wir selbst zu Fall gebracht haben.

Erschüttert bewegen sich heute viele in den Ruinen ihrer geistigen Vergangenheit, ohne den zu spüren, der die Gegenwart ist. Wie viele können überhaupt nicht mehr beten, nur weil sie ihre Kindergebete vergessen haben.

Warum sollte man auch beten, wenn man nicht die Nähe dessen spürt, von dem es heißt, daß er unsere Tränen im Krug seines Erbarmens sammelt (vgl. Ps 56,9).

Und wenn es nun diese Nähe Gottes überhaupt nicht gäbe?

Diese Frage macht vielen Angst.

Ich bin davon überzeugt, daß sie die wahre Beschaffenheit unserer heutigen Krise anzeigt.

Der Zusammenbruch des Heiligen, der unaufhaltsame Säkularisierungsprozeß hat die Altäre unseres Glaubens abgebaut, hat die Zeichen ausradiert, die gut oder schlecht uns doch das «Unsichtbare», die göttliche Gegenwart anzeigten.

Viele von uns treiben sich in diesem «entmythologisierten» Tempel herum, schauen in sein Herzstück hinein, in das Allerheiligste, und beginnen zu grübeln: «Ist es leer – oder ist seine Gegenwart noch da?»

Tatsächlich läßt sich aber auch diese Frage, wenn man schon lange Zeit an ein Glaubensleben gewohnt war und sich mit

Erinnerungen und Gefühlen zufrieden gab, nicht ganz leicht beantworten.

Selbst bei der Eucharistie, dem Geheimnis der Geheimnisse, dem lebendigsten Zeichen der Gegenwart Gottes unter uns, sind wir einfach nicht fähig, innezuhalten.

Einfacher ist es wohl, mehr in den «Außenräumen» eine andere Gegenwart Gottes in der Welt zu vermuten.

Die besten, die hochherzigsten, die lebendigsten der Menschen von heute sagen: Der Mensch ist die Gegenwart Gottes auf Erden. Allein im Menschen ist Er lebendig!

«Wo zwei oder drei in meinem Namen versammelt sind, da bin ich mitten unter ihnen» (Mt 18,20), *Was immer ihr einem meiner geringsten Brüder getan habt, das habt ihr mir getan* (Mt 25,40). Für nicht wenige religiöse Menschen, die heute auf der Suche nach einer neuen Spiritualität sind, haben Worte wie diese ein besonderes Gewicht, sind authentisches Evangelium.

Es ist höchst interessant, wie neuerdings die Tiefendimensionen des Menschen wieder entdeckt werden, wie das Verlangen, ihn aus Knechtschaft, Unwissenheit und Hunger zu befreien, wächst.

Es ist die große Hoffnung, ja die Religion derer, die nicht mehr glauben oder sich schwertun, an den transzendenten Gott zu glauben.

Ein Freund sagte zu mir: «Bitte verlang nicht, daß ich bete, verlang nicht, daß ich auf der Suche nach ihm in deine Wüste komme. Für mich ist Gott im Menschen, den Kontakt mit Gott suche ich im Dienst am Menschen!»

Was soll ich dazu sagen? Möge Gott dir helfen, daß deine Absicht gelingt! Möge Gott dir helfen, daß du zu so viel fähig bist.

Du sprichst so, weil du den Menschen noch nicht richtig kennst, deine Schwachheit, dem Menschen zu dienen, nicht richtig einschätzt. Es ist die schrecklichste und anstrengendste

Sache der Welt, vor dem Tabernakel des Menschen in dienender und liebender Haltung zu stehen, nachdem du in ihm doch Egoismus, Gewalt und Verrat entdeckt hast!

Dem Menschen dienen ist gleichzeitig die leichteste und die schwierigste Aufgabe.

Leicht ist es, wenn du jung, Optimist und besonders gut veranlagt oder gar durch Interesse mit ihm verquickt bist. Schwer ist es, wenn du dich von allen im Stich gelassen weißt, gejagt und verfolgt wie Jesus in der Nacht des Verrates. Der Mensch, das ist ja nicht nur der sympathische Bruder oder die unbekannte Schwester, sondern auch der Judas, der Kapitalist, der Egoist, ja der Soldat, der dich foltert. Der Mensch, das ist doch auch der Weiße, der Rassist, der dich verachtet, der unausstehliche Klerikale, der sich für vollkommen hält.

Der Mensch ist der Mensch – der ganze Mensch: der Heilige, aber auch der Verbrecher, Amerikaner ebenso wie Chinese, Araber und Jude, Weißer und Schwarzer, Klerikaler oder Heide!

Wäre es dem Durchschnittsmenschen ohne Christus, ohne Gottes persönlichen Beistand möglich, den Mitmenschen ganz zu lieben und ihm zu dienen bis hin zur Selbstaufopferung, dann hätte es keine Menschwerdung gebraucht.

Tatsächlich ist aber kein Mensch dazu fähig. Früher oder später muß er entdecken, wie unreif seine Liebe ist, und wie heroisch die Liebe sein muß und wie sehr er daher «Kraft von oben» nötig hat, Gottes Hilfe, damit er nicht der Versuchung nachgibt, alle zu hassen und sich auf einer Insel zu verschanzen.

Ich möchte klipp und klar aussprechen, was ich selbst erfahren habe: Nur mit Gottes Beistand kann man den Menschen aufrichtig lieben; einzig Christus kann uns diese schwere Lehre erteilen.

Noch aber sind wir nicht beim eigentlichen Problem.

Dieses läßt sich in folgende Frage kleiden: Steht mir Gott als lebendige Person gegenüber, so lebendig wie mein Freund vor mir steht, wie der Sohn vor dem Vater, oder ist Gott nur in den Dingen gegenwärtig, und dementsprechend vor allem im größten und interessantesten «Ding», im Menschen?

Treffe ich Gott als lebendiges Gegenüber auf meinem Lebensweg, kann ich vor ihm niederfallen wie einst Moses vor dem brennenden Dornbusch, ihm nahe sein wie Elias auf dem Horeb, seine Gegenwart erfahren, wie ihn die Propheten im Dunkel des Tempels erfahren haben?

Ist Gott für mich der Gott der Transzendenz und also des Gebetes, oder ist er ein Gott der Immanenz, den wir nur in der Entwicklung der Materie, der Entfaltung der Geschichte, in der Befreiungstat des Menschen antreffen?

Genau das ist heute unsere Frage. Und wie immer ist es eine Frage der Entscheidung:

Handeln oder Beten, Revolution oder Meditation? Wobei der Fehler wie immer nicht in dem liegt, was man tut, sondern in dem, was man anklagt.

Das Richtige ist also sehr schwer zu finden. Ungleich einfacher ist es, sich von der Gewalt, von der eigentümlichen Kraft des Irrtums, leiten zu lassen, die uns wie im Spiel zum Extremismus treibt und «die andere Seite der Dinge vergessen läßt». So aber bauen wir ins Leere, finden keine innere Ruhe, überhaupt keinen Frieden.

Wenn wir vom Handeln, von Aktionen reden, sollten wir uns an das Wort Jesu erinnern: *«Ohne mich könnt ihr nichts tun»* (Joh 15,5).

Wer ist denn dieser Jesus, der den Mut hat, den Menschen aller Zeiten zu sagen: *«Ohne mich könnt ihr nichts tun!»* Ist er eine von den vielen Gestalten aus der Geschichte, die gelebt hat, mit seinem Tod verschwunden ist und den Menschen jetzt nur noch in seiner Lehre gegenwärtig ist, oder ist er der, den Petrus im Heiligen Geist «*Sohn des lebendigen Gottes*» genannt hat (Mt 16,16)?

Wenn er aber lebt, – wie begegnet er denn mir, der ich selbst lebe?

Kommt er als Person oder schwebt er irgendwo wie auf einer fernen Wolke?

Als Person oder als Erinnerung mit irgendeinem Wort, das er vor zweitausend Jahren ausgesprochen hat und das uns seine Jünger im Evangelium überliefert haben?

Das ist die Frage.

Die Kirche glaubt, und ich glaube, daß Jesus der Sohn des lebendigen Gottes ist. Das schon vor der Menschwerdung lebendige Wort Gottes ist auch nach Tod und Auferstehung lebendig. Der Sohn Gottes hat mit uns Menschen seinen Bund geschlossen.

Diesen Bund aber hat Gott gewollt, dieser Bund ist Inhalt und Ziel des gesamten Heilsplans. Einen Bund aber gibt es nur zwischen Lebenden, nicht zwischen Toten, zwischen Personen, nicht zwischen Begriffen und Symbolen.

Hat also Gott in seiner Barmherzigkeit den Bund mit mir gewollt, dann muß er sich auf meinen Lebensweg begeben, muß ich ihm dort begegnen können.

Das persönliche Gebet ist der Ort der Begegnung zwischen ihm und mir, das Sakrament ist sichtbares Zeichen meines Bundes mit dem Ewigen.

Deshalb glaube ich an das persönliche Gebet, deshalb warte ich täglich darauf, ihm im Sakrament zu begegnen. Ohne Furcht zu irren, kann ich sagen: Beten heißt, auf den Gott zu warten, der wirklich kommt.

Jeder Tag, an dem ich bete, kennt die Begegnung mit Gott, der kommt. Jede Nacht, in der ich im Glauben ihm verfügbar bleibe, ist durch seine Gegenwart hell.

Sein Kommen ist aber nicht die notwendige Folge meines Wartens. Seine Gegenwart ist nicht Lohn für meine Anstrengung. Er kommt, weil er aus seiner Liebe herauskommen will.

Sein Kommen ist gebunden an seine Verheißung, nicht an unser Tun und Wollen. Wir verdienen uns also diese Begegnung mit Gott nicht, weil wir ihm treu in unseren Brüdern gedient haben oder weil wir vielleicht durch Anhäufung guter Werke den Himmel beeindrucken würden.

Gott kommt, weil ihn seine Liebe treibt, nicht weil wir ihn anziehen. Er kommt auch zu Zeiten, da wir alles falsch gemacht haben, er kommt auch wenn wir überhaupt nichts geleistet haben. Er kommt sogar wenn wir gesündigt haben.

Es war schon vermessen zu meinen, Gott komme wegen des Gesetzes, nicht wegen der Verheißung. Noch vermessener ist der Gedanke, Gott komme zu uns wegen der Anstrengung des Menschen, nicht einfach aus Liebe.

Deshalb ist es im Grunde – wenn auch unbewußt – Vermessenheit, zu glauben, man könne Gott begegnen im Dienst an den Menschen. Man kann nicht alles auf diese Karte setzen, daß die Begegnung mit Gott die Frucht unseres Einsatzes sei.

Wie wäre es denn sonst mit den Zöllnern und den Huren bestellt? Haben sie den Mitmenschen gedient? – Dennoch informiert uns das Evangelium, daß sie Christus begegnet sind und an ihn geglaubt haben . . .

So wollen auch wir ihm so begegnen, wie wir sind. Über uns selbst hinweg, über unsere Sünde, über unsere Tugend hinweg.

Wir wollen ihm begegnen, weil er Licht ist und Liebe.

Ohne Licht straucheln wir auf unserem Weg, ohne Liebe finden wir keine Freude.

Wir wollen ihm begegnen, weil er Gott ist und weil wir ohne Gott nicht leben können.

Auch wissen wir, daß der Bund zwischen ihm und uns stärker und fester wird, wenn wir ihm begegnen.

Hätten wir Christen immer diesen Bund vor Augen und im Bewußtsein, ergäbe sich alles andere wie von selbst.

Die Krise der Kirche, wenn es sie überhaupt gibt, ist eine Krise der Christen, eine Krise des Glaubens, des Gebetes, der Kontemplation.

Stärken wir unseren Glauben an den lebendigen Gott, so können wir uns wieder leichter auf unseren Weg begeben.

Stellen wir den persönlichen lebendigen Kontakt mit Christus wieder her, so werden wir auch den persönlichen lebendigen Kontakt mit der Kirche finden.

Vorher aber finden wir ihn nicht.

Selbst das Konzil, das großartigste religiöse Ereignis unserer Zeit, die Sichtbarmachung der Frische und der Vitalität der Kirche, war Anlaß tiefer Freude für die «Wartenden», Bewußtwerden des Geheimnisses der Kirche und ihrer Gegenwart in der Welt. Ein solches Konzil bleibt jedoch ohne Wirkung auf die, die ihren Glauben verloren haben, die sich von der Quelle entfernen, ohne jemals das ganz persönliche Gespräch mit dem ewigen Gott gesucht zu haben.

Die Bibel endet mit einem Gebetsruf. Der Evangelist Johannes legt ihn der Braut Christi, der Kirche, in den Mund. Er ist sozusagen die Zusammenfassung aller Gebete, die nach dem Weggang Christi von dieser Erde aus an ihn gerichtet werden: «Komm, Herr Jesus!» (Offb 22,20).

Welchen Sinn hat dieser Ruf zu Jesus, der lange unter uns lebte, dann aber durch Tod, Auferstehung und Himmelfahrt hinweggegangen ist aus unserer Geschichte?

Alle Christen wissen es.

Es ist der Ruf nach der Wiederkunft Christi in der Eschatologie, wenn diese seine zweite Ankunft die Geschichte abschließen und uns in das messianische Zeitalter, in das ewige Gastmahl des Himmels hinaufführen wird.

Grausam wäre es jedoch, wenn uns einzig das Warten auf den «Jüngsten Tag» bliebe, wenn es bis zum Ende der Zeiten für die Christen keine Möglichkeit mehr gäbe, in Beziehung zu der Person Christi zu treten.

Wie das Reich Gottes erst am «Jüngsten Tag» kommen wird und doch schon gekommen und in uns angebrochen ist, so ist die Wiederkunft Christi, die wie ein Blitz in der Apokalypse aufleuchten wird, jeden Tag im Gange, jeden Abend, jede Nacht, in der ich mich ihm öffne und ihn im Gebet und im Sakrament suche.

Der Christus des Glaubens ist immer bereit, bei seiner Braut einzukehren, persönlich einzukehren.

Die Christusbegegnung ist in Gebet und Sakrament wahr und wirklich. Wenn wir den Gott erwarten, der da kommt, dann dürfen wir natürlich auch erwarten, daß er nicht kommt, um vor der Tür stehen zu bleiben, sondern um einzutreten.

In der Erwartung des Messiasfestes, dessen Vorläufer und Ankündiger die Messe ist, ist die Braut zu dem «Fest der Weisheit» geladen, nämlich zur Kontemplation.

So heißt es im Buch der Sprüche: *«Die Weisheit hat ihr Haus gebaut, hat sieben Säulen aufgerichtet, ihr Vieh geschlachtet, den Wein gemischt, den Tisch schon gedeckt»* (Spr 9,1–2).

Auf meinen Glauben antwortet Christus mit seinem Kommen. *«Ich gehe hin und komme wieder zu euch»* (Jo 14,28).

Er sagt es beim letzten Abendmahl. Und siehe er kommt wirklich, um bei uns zu sein, in unserem Innern, und uns zu begleiten durch die Geschichte hindurch.

Man sagt oft, die Spiritualität des Menschen auf dieser Erde sei gleichsam die Spiritualität des Exodus, einer Reise, die aus der Befreiung von der Knechtschaft endlich in die Freude des gelobten Landes hinführt.

Dem Volk aber auf seinem Wüstenmarsch hat Gott nicht die Einsamkeit seiner Abwesenheit, sondern – verkündet durch die Wolke über dem Bundeszelt – die Gewißheit seiner Gegenwart geschenkt.

Sie war das Zeichen der lebendigen Gegenwart Jahwes. Sie kündete aber auch eine noch viel intimere Gegenwart Gottes an, die im neuen Bund, dem Bund Jesu Christi mit der Menschheit, Wirklichkeit werden sollte. Worte und Symbole zeigen im alten Bund die Nähe Gottes an. An deren Stelle tritt dann im neuen Bund ein Kelch voller Blut, *«der Kelch des Blutes Jesu, das für uns alle vergossen worden ist»*. Wird er, der sein Blut für mich vergossen hat, mir in meinem Leben fern bleiben? Es fehlt mir an Glaube, wenn ich an der Gegenwart Jesu in meinem Leben zweifle.

Es fehlt ebenso an Glaube, wenn ich denke, daß jener, der mir den Kelch seines Opfertodes zu trinken reicht, nicht auch gleichzeitig seine Gegenwart und seine Freundschaft schenkt.

Gerade darum ergreife ich den Kelch seines Bundes noch einmal, gefüllt mit dem Blut meines Gottes. Daraus trinkend rufe ich ihm mit meinem ganzen Glauben zu: *«Komm, Herr Jesus.»*

Erster Teil

Gott kommt immer.
Er kam, als es Licht wurde – näher kam er, als er Adam
erschuf.
In Abraham kam er – aber näher war er in Moses.
In Elias kam er – doch ganz nahe war er uns in Jesus Christus.
Der Gott, der da kommt, durchschreitet unsere Zeit.
Er läßt sich in der Geschichte nieder, er zeigt sich
in der Geographie des Alls.
Er durchweht das Bewußtsein des Menschen und ist lebendig
in der Person des Christus.
Gott ist gekommen – und immer wieder wird er kommen.

KAPITEL EINS

«Da vernahmen sie den Schritt des Herrn,
der in der Abendkühle im Garten wandelte»
(Gen 3,8).

Gott kommt immer, und wir vernehmen, wie einst Adam seine Schritte.

Gott kommt, weil er Leben ist, und das Leben enthält die Explosivkraft der Schöpfung.

Gott kommt, weil er Licht ist, und das Licht kann nicht dunkel bleiben.

Gott kommt, weil er Liebe ist, und die Liebe will sich immer verschenken.

Gott kommt schon immer, Gott kommt immer.

Heute abend betrachtete ich den außergewöhnlichen Sternenhimmel über der Wüste. Ich sah den von der Erde am weitesten entfernten, gerade noch für das bloße Auge sichtbaren Himmelskörper: den Andromedanebel.

Er erschien mir wie bleiches, fluoreszierendes Licht in der Form einer länglichen Linse zwischen der Regelmäßigkeit der Cassiopeia und dem unvergleichlichen Diamant der Pleiaden.

Dieses Licht der kleinen Linse ist nicht von heute. Es ist eine runde Million Jahre alt.

Heute abend habe ich also in die Zeit vor einer Million Jahre, das heißt von zehntausend Jahrhunderten zurückgeschaut.

Dabei ist dieser Andromedanebel noch die Galaxe, die der unseren am nächsten steht. Die Entfernungen, die uns von anderen, gleichartigen Gebilden trennen, rechnen die Astronomen heute nach Milliarden von Lichtjahren.

Gott war schon lange Zeit auf dem Weg zu mir, als ich noch nicht geboren war. Weder Sonne noch Mond, noch Erde gab es, meine Geschichte und meine Probleme existierten noch nicht.

Die Wissenschaft sagt uns, daß diese unsere Erde, auf der wir mit unseren Füßen stehen, vor etwa zwei Milliarden Jahren entstanden ist. Über verschiedene geologische Epochen hin bereitete sie sich dann auf die Ankunft des Menschen vor – Epochen, die die ganze Schöpfermacht Gottes widerspiegeln. *«Es ward Abend, und es ward Morgen . . .»* (Gen 1,5).

Wieviel Zeit liegt aber zwischen dem einen Morgen und dem anderen, dem einen Abend und dem anderen!

Jedes der erdgeschichtlichen Zeitalter zählt Milliarden und Millionen von Jahren!

Gerne schaue ich mir den Himmel und die Erde an. Mir ist es keine verlorene Zeit.

Wenn ich in der Wüste beten will, bereite ich mich dazu mit der Betrachtung der Dinge vor. Nach meiner Ansicht hat sie der Herr zu eben diesem Zweck an ihren Platz gestellt.

Als ich noch jünger war und ungeduldiger, konnte ich es kaum mit ansehen, wenn Pfadfinder beim Errichten ihrer Zelte mit Neugier und Hingabe Bäume, Büsche und die kleinen Tiere auf den vergilbten Blättern betrachteten. In meinen Augen war das verlorene Zeit.

Lieber hätte ich sie an Katechismusstunden in einer Pfarrei teilnehmen lassen.

Diese Einstellung war ein Zeichen meiner Unreife. Sind die Dinge dieser Welt nicht der beste Katechismus? Durch sie beginnt Gott mit uns zu reden.

Vielleicht haben uns gerade die Katechismusstunden den Zugang zu dem Geheimnis Gott verbaut. Gelangweilt saßen wir in unseren Bänken, hatten es zu tun mit Kurzformeln und Zusammenfassungen, die sich sehr gescheit gaben. Das hat uns alles zerstört. So stehen wir jetzt traurig vor den Geheimnissen Gottes.

Heute, nach so vielen Jahren, würde ich so gerne mit den Kindern auf eine Wiese gehen, anstatt eine Katechismusstunde zu halten. Ich würde ihnen, die immer eingesperrt sind in der Betonwüste der Stadt, gerne einmal das Wunder eines Schwalbennestes zeigen!

Sie kämen aus dem Staunen nicht mehr heraus. Vielleicht ist das Staunen die erste bewußte Begegnung mit dem Geheimnis.

Vielleicht liegen dort auch die ersten Ursprünge des Betens.

Ob nicht der, der staunen kann, auch zum Betrachten und Meditieren in der Lage ist?

Es hilft mir beim Beten, so sagte ich schon, Himmel und Erde zu betrachten.

Ich gehe noch weiter: Ich versenke mich gleichsam in Himmel und Erde.

Bevor ich das Gespräch mit Gott aufnehme, möchte ich enge Bekanntschaft machen mit dem Stückchen Welt, in dem mich Gott jetzt haben will.

Es ist wirklich keine verlorene Zeit, die Dinge dieser Welt abzutasten, sie zu betrachten, zu berühren, ja, sie sozusagen zu «leben».

Lacht bitte nicht, wenn ich euch sage, daß ich, als ich das tat, «mit den Dingen zu leben», eine Entdeckung gemacht habe.

Es ist dieser gelebte Kontakt mit den Dingen, das Sich-einlassen auf das Spiel der Schöpfung, das mir ein wunderbarer schnurgerader Weg zum Schöpfer geworden ist.

Das Einlassen auf dieses Spiel setzt größte Freiheit und Gelassenheit voraus.

Käme ich mit einem schönen Anzug hinaus in die Einsamkeit, wäre ich sofort dessen Sklave, denn ich würde mich sorgen, ihn nicht zu beschmutzen, seine Bügelfalten zu erhalten.

Nein, in altem Zeug muß ich kommen, damit ich mich auf die Erde legen kann, wenn die Freude an Gott mich gepackt hat.

Wenn ich mit den verschiedensten elektrischen Haushaltgeräten käme, mit einem Bett oder ähnlichen Dingen, würde ich ja die Freude verlieren, das Holz in der Oase zu sammeln und die Flamme zwischen den beiden Steinen zu betrachten, so einfach und wahr wie die Schöpfung selbst.

Wie schön ist es, sich das Essen in einer rauchgeschwärzten Pfanne zu bereiten, die nach Gebrauch meine Zeit nicht weiter in Anspruch nimmt, sondern sich einfach in eine Ecke stellen läßt.

Doch verlangt dieses Spiel noch mehr, wenn man in das Geheimnis der Natur eintreten will.

Ich muß Ja sagen zum Wind, zur Kälte der Nacht und zu der Hitze des Tages. Beschwerlichkeiten, Wüstensand und unstabile Gesundheit muß ich in Kauf nehmen. Ich nehme sie als Anstöße Gottes, der mich auf diese Weise Armut und Geduld lehren will. Ich klage darüber nicht.

Vor allem ist es notwendig, in der Zeit nach rückwärts zu gehen, hin zum Ursprung der Dinge, als die Technik noch nicht alles verformt hatte, als die Schönheit eines Sonnenunterganges uns noch mehr gab als die tausend Annehmlichkeiten unserer Wohlstandszivilisation.

Wie die primitiven Völker möchte ich eindringen in die Dinge dieser Welt wie sie, die in der Natur und von der Natur lebten und dabei nicht einmal auf den Gedanken kamen, die Frage nach der Existenz Gottes zu stellen.

Sie brauchten ihn nicht zu beweisen, denn sie fühlten ihn,

Gott war da und sie «vernahmen seinen Schritt» . . . (Gen 3,8).

Für den, der die Schritte Gottes hört, ist seine Existenz offenkundig.

Offenkundig ist sie – aber doch nur für den einfachen, guten, wahrhaftigen Menschen.

Leider haben wir diese Eigenschaften nicht mehr.

Nicht mehr einfach, gut, wahrhaftig zu sein, heißt Sünder sein.

Dem Sünder aber ist Gottes Existenz nicht offenkundig, besser gesagt, einerseits ist sie es, andererseits nicht. Dieser Gott, dessen Existenz aus der Natur offenkundig ist und auch wieder nicht, – ich würde ihn den Gott des Gleichnisses nennen.

Alles ist zwar Gleichnis von ihm, ich aber stehe unschlüssig davor. Ich sehe und sehe doch nicht, verstehe und verstehe doch nicht.

Jesus selbst redet in Gleichnissen und gebraucht dabei die Methode der Natur. Er sagt uns auch, warum: «*Deshalb rede ich zu ihnen in Gleichnissen, weil sie sehen und doch nicht sehen, hören und doch nicht hören, noch verstehen*» (Mt 13,13).

Der Gott des Gleichnisses ist noch nicht der Gott des Glaubens, wie der Mensch der Natur noch nicht der Mensch der Gnade ist. Es braucht einen neuen Eingriff Gottes, eine neue Schöpfung, um die neue Beziehung zu ihm heraufzuführen. Dies geschieht in der Heilsgeschichte.

Wenn diese noch nicht begonnen hat, vernimmt der Mensch in der Schöpfung *«das Geräusch seiner Schritte»*. Wie Adam und seine Frau verbergen sich die Menschen *«vor Jahwe unter den Bäumen des Gartens»* (Gen 3,8).

Warum diese Flucht? Da sie nicht mehr die ursprüngliche Unschuld besitzen, haben sie Angst, vor Gott zu stehen. Weil sie die einstige Durchsichtigkeit verloren haben, können sie Gott nicht mehr sehen, so wie er ist.

Von daher rührt die Schwierigkeit der Menschen aller Zeiten, Gott in der Schöpfung zu finden. Sie sind nicht mehr einfach und wahrhaftig, und das ist ihre eigentliche Sünde.

Wenn es Vorstufen zum Glauben gibt, so schließen diese für den Menschen die Verpflichtung ein, frei zu werden von Sünde. Diese ist das eigentliche Hindernis für den Glauben.

«Wenn ihr nicht umkehrt und werdet wie die Kinder, so werdet ihr nicht in das Himmelreich eingehen» (Mt 18,3).

Das sind eindrückliche Worte Jesu. Wie ein Kind werden, bedeutet aber, durchsichtig werden, wahrhaftig und gut.

Jeden Schritt, den ein Mensch unternimmt, um wegzukommen von Lüge, Gewalt, Egoismus und Stolz, ist ein Schritt hin auf die Schau Gottes.

Wer sich müht, die Wahrheit zu leben, das Gute zu tun und das Leben zu achten, bereitet sich vor für den Einbruch des Lichts. Zwar kommt das Licht auch nur aus dem liebenden Antrieb Gottes. Aber nur der kann es bei sich aufnehmen, der auf die Dunkelheit verzichtet hat.

Kraftvoll redet der Prolog des Johannes-Evangeliums von der Macht des Lichtes, das kommt, und von der Macht des Menschen, dieses Licht nicht aufzunehmen:

«Im Anfang war das Wort,
und das Wort war bei Gott,
und Gott war das Wort.
Dieses war im Anfang bei Gott.
Alles ist durch es geworden,
und ohne es ist nichts geworden,
was geworden ist.
In ihm war das Leben,
und das Leben war das Licht der Menschen.

Und das Licht leuchtet in der Finsternis,
die Finsternis aber hat es nicht ergriffen.
Ein Mensch trat auf, von Gott gesandt,
sein Name war Johannes.
Dieser kam zum Zeugnis,
damit er Zeugnis ablege über das Licht,
damit alle durch ihn glaubten.
Er war nicht das Licht,
sondern er sollte Zeugnis ablegen
über das Licht.
Das wahre Licht,
das jeden Menschen erleuchtet,
es kam in die Welt.
Er war in der Welt,
und die Welt ist durch ihn geworden,
aber die Welt hat ihn nicht erkannt.
Er kam in sein Eigentum,
und die Seinigen nahmen ihn nicht auf»

(Joh 1,1–11).

Wir können also das Licht ablehnen, wir können es nicht wollen. Das ist unser eigentliches Drama. Manchmal erwecken wir den Eindruck, als suchten wir Gott. Wir sprechen es auch aus. In Wahrheit aber möchten wir uns in unserer Bequemlichkeit nicht stören lassen. Wir unternehmen die erforderlichen, aber anstrengenden Schritte nicht.

Wir wollen den Glauben, sagen wir zwar – aber den Geldbeutel halten wir den Armen schön verschlossen. Wir behaupten, Christus zu suchen, unternehmen aber keinerlei Anstrengungen, unser Leben zu ändern, das völlig verkehrt liegt.

Ich glaube keinem Menschen so recht, wenn er sagt: «Ich suche Gott, aber ich finde ihn nicht!»

Versuche zunächst – so würde ich ihm sagen –, jeden Tag alles in Wahrheit zu tun, befreie dich vom Dämon des Stolzes, von Unterdrückung und Egoismus, reiße allen Rassismus aus dir heraus, sieh in jedem Menschen deinen Bruder, und . . . du wirst sehen, wirst Ihn sehen!

Wenn du Liebe lebst, Wahrheit tust, Leben achtest, dann lebst du, tust du, achtest du Gott, der schon in dir ist.

Gott kommt nicht in dem Augenblick, in dem du «gut» geworden bist. Er war schon da, war schon gekommen, kommt immer noch.

Jetzt aber kannst du ihn sehen, weil dein Auge rein, dein Herz offen geworden ist, weil du herabgestiegen bist von deinem Thron.

Denk daran: Er war schon zuvor da, er war schon da, nur hast du ihn nicht gesehen, das war die einzige Schwierigkeit.

Je mehr du in ihm die Liebe, das Licht und das Leben siehst, desto mehr erkennst du ihn selbst, wenn auch nur verhüllt in der Dämmerung einer noch nicht geschehenen Geburt, wenn auch nur durch die Gleichnisse der Schöpfung ausgedrückt.

KAPITEL ZWEI

> *«Jahwe sprach zu Abraham:*
> *‹Ziehe fort aus deinem Land!›»*
> (Gen 12,1).

Das Wort des Gleichnisses mag viel Raum im Leben des Menschen einnehmen; in der Tiefe interessiert es ihn nicht.

Dieser Gott zeigt sich durch den Schleier der Zeichen, er schickt dir aus der Ferne einen Kartengruß, eine Zeichnung von sich, seine Visitenkarte. Er erscheint dir *«gekleidet ... in Hoheit und Würde»* (Ps 104,1), er bestellt sich *«zu seinen Boten die Winde»* (Ps 104,4).

Ein Gott ist er, der in dein Leben eintritt und es wieder verläßt, der kommt und geht. Seinen Ort kennst du nicht, ihn selbst kannst du nie bestimmen, nie kannst du ihn halten.

Im Grunde ist er ein Gott, der weit weg von dir ist, auch wenn er dir manchmal nahe erscheint. Man könnte sagen, daß er beschlossen hat, sich nicht von dir halten zu lassen, das heißt, du bist noch nicht bereit, dich von ihm ergreifen zu lassen.

Er ist verborgen in einer Geschichte, die noch Zukunft ist, in einem Keim, der noch nicht aufgegangen ist.

Einmal aber kommt dann eine große Stunde, ein Vorübergehen, ein gewaltiger, qualitativer Sprung, etwas ganz Neues.

Eine Stunde, die wirklich «Stunde» ist, die Stunde Gottes, die Fülle der Zeiten.

Der Gott deines Glaubens kommt.

Vom Gott des Gleichnisses sagst du: *«Es scheint mir so, als ob er es sei.»* Von Gott des Glaubens gilt: Er ist der Gott, *«der ist»*.

Nun ist er kein Symbol mehr, kein Bild. Er ist nicht einfach etwas Vernünftiges, Schönheit, Ästhetik, Gefühl. Dieser Gott ist nicht Zahl und Raum. Er zeigt sich als Person.

Es ist der Gott, der ist, der zu Abraham spricht: *«Ziehe fort aus deinem Lande!»* (Gen 12,1). Der Aufbruch ist hart und bedingungslos, auch wenn er von der Liebe Gottes schon immer dem Menschen vorgezeichnet war. Mit Abraham beginnt eine neue Epoche in der Menschheitsgeschichte. Um die Epoche der Glaubenden handelt es sich, jener Menschen, denen Gott die Macht gegeben hat, an den Gott zu glauben, *«der ist»*.

Die Beziehung des Geschöpfes zum Schöpfer gestaltet sich nun eng und bewußt. Sie wird Gewissen, Dialog, Gebet, Freundschaft. *«Kann ich vor Abraham geheimhalten, was ich zu tun gedenke?»* (Gen 18,17).

Offenbarung wird sie und Befehl: *«Schaue hinauf zum Himmel und zähle die Sterne, wenn du sie zählen kannst ... So wird deine Nachkommenschaft sein!»* (Gen 15,5).

Wenn ich bete, stehe ich nicht mehr vor dem Gott der Gleichnisse, sondern vor dem Gott meines Glaubens. Ich bete zu *«Jemand»*, rede mit *«Einem»*.

Die Lage hat sich völlig geändert. Der Gott der Philosophie und des Verstandes, der Gott des Gleichnisses, hat seinen Platz abgetreten an den Gott des Glaubens, und dieser Gott des Glaubens steht nun vor mir als Vater, als Christus, als Geist. Immer aber als Person.

Meine armselige Person hat endlich den anderen gefunden und spricht mit dem anderen.

Dieser andere ist Gott in seinem Wesen, in seiner Wahrheit, in seiner Liebe.

Der Übergang zum Glauben ist radikal und bedingungslos. Nur Gott kann ihn heraufführen, bewerkstelligen. Deshalb sagen die Theologen, daß der Glaube Geschenk Gottes ist.

Es ist immer so: Was gibt es schon, das nicht Gottes Geschenk ist!

Auch bei der Evolution des Lebens, falls es sie gibt, wie uns die Wissenschaft sagt, also auch im Augenblick des Übergangs, in dem aus einer unteren Lebensstufe der «homo sapiens» wird – auch hier ist der Schöpfergeist am Werk, haucht in ihn eine neue Wirklichkeit, macht, daß der Mensch nicht mehr irgendein Tier ist, sondern eben Mensch.

«Dann bildete Gott den Menschen aus Staub vom Erdboden und blies in seine Nase einen Lebenshauch. So wurde der Mensch ein lebendes Wesen» (Gen 2,7).

Wie auf dem Höhepunkt der Entwicklungsgeschichte des Lebens aus einem Bündel von Nerven und Muskeln und Gehirnzellen der «homo sapiens» wurde, so wird auf dem Höhepunkt der Liebe Gottes aus diesem Menschen der «homo credens», der glaubende Mensch. Damit aber hat eine Geschichte ihren Anfang genommen, an deren Ende die vollkommene Vertrautheit von Schöpfer und Geschöpf steht.

Der Glaube ist Geschenk Gottes, wie das Leben Geschenk Gottes ist, wie die Evolution Gottes Geschenk ist.

Gott hält das Geschenk in der Hand und bietet es an, wann er will, wann die Stunde da ist.

Jesus sagt einen Satz, den wir beachten müssen, um zu verstehen, wie die Dinge, alle Dinge, nicht in unserer Hand sind: *«Niemand kann zu mir kommen, wenn ihn nicht der Vater, der mich gesandt hat, zieht»* (Joh 6,44).

Gott muß uns also regelrecht «ziehen», um den Umformungs- und Einigungsprozeß zu beginnen.

So steht also am Anfang immer das magnetartige «Ziehen» des Vaters.

Er zieht mich, er ruft mich. Ich antworte.

So ist in mir der Glaube geboren, ist aufgegangen in mir wie ein lebendiger Keim.

Es genügt nicht, daß der Glaube entsteht, daß dieser Keim bei der Taufe in die Seele des Kindes einfach abgelegt wird. Er muß aufgehen, muß sich bewegen, ernähren. Das hängt auch von mir ab.

Wenn ich auf den Anruf Gottes nicht antworte, ist der Glaube in mir wie eine Mißgeburt. Wenn ich ihn nicht in Bewegung bringe mit meinem ganzen Einsatz, bleibt er unreif und schwach, wie die Glieder eines Gelähmten. Wenn ich ihn nicht nähre mit der Speise des Kontaktes mit Gott, wirkt er eher wie ein makabrer Schatten, der die Einwohner des Hauses fürchten macht, als sie mit seiner frohen Gegenwart bei dem Gastmahl zu erfreuen.

Im Glauben ist sich der Mensch seines Gegenübers bewußt geworden. Der Freund hat den Freund entdeckt, die Frau hat den Mann erkannt, der Sohn den Vater.

So beginnt das Leben der Beziehung, weil der Glaube die Möglichkeit ist, die Gott uns gegeben hat, in lebendige und bewußte Verbindung zu ihm zu treten.

Wenn ich glaube, rede ich mit Gott, höre ich auf Gott, sehe ich Gott.

Das Leben des Glaubens ist das Außergewöhnlichste auf Erden. Es stellt alle Gaben in den Schatten, die man je zuvor empfangen hat, ähnlich wie die Gabe, daß man zum Licht der Welt gelangt, größer ist, als die, daß man überhaupt Mensch wird.

Mit dem Glauben habe ich teil am Leben Gottes, betrete ich neue Bahnen, die Bahnen Gottes.

Mit dem Glauben überschreite ich die Himmel, reise im

Unsichtbaren, besiege die Hindernisse meiner Menschennatur, transzendiere meine Schwäche, werde Kind Gottes.

Das ist so außergewöhnlich, daß der Glaube keine Grenzen in seiner Schönheit und in seinen Entwicklungsmöglichkeiten hat.

Er läßt mich meine Angst überwinden, ist stärker als der Tod. Der Glaube ist unbesiegbar.

So sagt Johannes: *«Das ist der Sieg, der die Welt überwand: unser Glaube»* (1 Joh 5,4).

Wovor sollte ich mich noch fürchten, wenn Gott mein Vater ist?

Welche Rechnung kann nicht aufgehen, wenn die wichtigste stimmt: die mit dem ewigen Leben, mit der Erfüllung des Reiches, der Auferstehung aus den Toten, mit der Agape, die Gott selbst mit der erlösten Menschheit halten wird?

Als Glaubender weiß ich nun, was ich denken, wollen, tun soll.

Als Glaubender bin ich «jemand» geworden, den Gott selbst mit Namen ruft und sendet.

Aus dem Glauben kommt meine Berufung: Gott sagte zu Abraham: «Ziehe fort aus deinem Land!» (Gen 12,1).

Mit Abraham breche ich auf aus meinem Land und ziehe in das Land der Verheißung, das Gott selber ist.

KAPITEL DREI

«Da prüfte Gott Abraham»
(Gen 22,1).

Daß der Glaube ein Risiko ist, sieht man rasch ein; welcher Preis jedoch für dieses Risiko zu zahlen ist, das erfährt man erst sehr spät.

Gott in seiner ganzen Geduld müht sich mit uns schwierigen Schülern ab, damit wir dieses Risiko auf uns nehmen.

Freilich sind nicht nur die Schüler schwierig. Wirklich und gewichtig sind die Hindernisse, die auf dem Pfad des Glaubens – auf dem härtesten Pfad, den es überhaupt gibt – liegen.

Ich bin sicher, auf dieser Welt gibt es kein schwierigeres Handwerk als das Leben aus Glaube, Hoffnung und Liebe. Letztlich handelt es sich ja um einen Sprung ins Dunkle oder genauer: ins Unsichtbare.

Und das ist wahrhaftig nicht leicht.

Ich selbst, der ich mich doch schon daran gewöhnt haben sollte, gerate jedesmal in Zittern, wenn mich Gott in meinem Gewissen zu einem neuen «Sprung» auffordert.

Es ist wie der Schmerz oder wie der Tod: Man gewöhnt sich niemals daran.

Vor einem dunklen, tiefen Brunnenschacht die Aufforderung zu hören: «Mach die Augen zu und spring hinein!» ist für niemand so ganz leicht.

Wenn dieser Brunnen ohne Boden ist?

Wenn mich niemand auffängt?

Selbst wenn die Hoffnung dir mit den Worten zu Hilfe kommt: *«Ich bin Jahwe, dein Gott, der dich aus dem Ägypterlande, dem Sklavenhause, herausgeführt hat»* (Dt 5,6). Selbst wenn dir die Erfahrung deiner Erinnerung sagt, daß du ja unzählige Male in deinem Leben den «Sprung» gewagt hast, und zwar nicht nur ohne Schaden zu leiden, sondern sogar mit der Freude der erlebten Nähe Gottes: Ja, selbst dann spürst du jedesmal ungeheure Angst vor diesem neuen Schritt.

Machen wir uns also nichts vor: Der Glaube ist eine Prüfung, eine furchtbare Probe, dessen Ebenbild der Tod selbst ist. Niemand kann sie dir ersparen, nicht einmal Gott selbst.

Ich glaube, man darf sagen, daß Gott an uns nichts so sehr interessiert wie unser Glaubensvollzug. Wie ein Liebender auf seine Geliebte wartet, so wartet Gott auf unser Glauben.

Wie sich ein Vater über sein Kind freut, das durch eine Menschenmenge hindurch doch zu ihm herüberfindet, so freut sich Gott über uns, wenn wir glauben.

Glaube hat immer mit Liebe zu tun, ist im Grunde deren erste Erprobung.

«Ohne Glaube ist es unmöglich, Gott wohlzugefallen» (Hebr 11,6). Die erste Stufe der Liebe ist, an den Geliebten zu glauben.

Wenn ich an seine Gegenwart nicht glaube, wie kann ich in Beziehung zu ihm treten?

Wenn ich an seine Gegenwart nicht glaube, wie kann ich mit ihm reden?

Glauben heißt vertrauen, vertrauen darauf, daß er mit seiner ganzen Liebe, seiner ganzen Macht hier vor mir steht.

Glauben heißt, darauf bauen, daß er meinen ganzen Raum erfüllt und mich nichts aus seinen Armen entreißen kann.

Glauben heißt vertrauen, daß er um alles weiß, daß er die Bahnen meines Lebens schon durchmessen hat, bevor ich in dieses Leben eingetreten bin, und daß er es hinführen wird zu dem einen Ziel: Heimkehr zu ihm.

Das alles und noch viel mehr heißt glauben!

Ich sagte, daß wir erst sehr spät den Preis erfahren, der auf das Risiko des Glaubens gesetzt ist. Das hat seinen Grund darin, daß wir uns erst sehr spät mit dem Thema «Tod» auseinandersetzen.

Glauben, das heißt: wirklich sterben.

Allem sterben: Meiner Vernunft ebenso wie meinen Plänen, meiner Vergangenheit, allen meinen Wünschen, die ich jemals hatte. Sterben muß ich meiner Gebundenheit an die Erde, ja manchmal sogar meiner Anhänglichkeit an das Licht der Sonne, wie es beim Tod selbst der Fall ist.

Deshalb ist der Glaube so schwer, daß Jesus im Hinblick darauf klagte: *«Ach, daß du doch glauben könntest!»*

Diesen Sprung in den Glauben kann mir niemand abnehmen, nicht einmal Gott.

Es ist meine ureigenste Sache. Es ist wie der Tod: Wenn ich daran bin, kann niemand an meine Stelle treten.

Der reife Glaubensakt ist eine schrecklich ausschließlich persönliche Angelegenheit. Sein Risiko geht bis ins Mark. Das allererste Urbild eines solchen Glaubens steht in der Bibel und ist die Prüfung Abrahams.

Gott spricht zu Abraham: «Nimm deinen Sohn, den einzigen, den du lieb hast, den Isaak, und gehe in das Land Morija, und bringe ihn dort auf einem der Berge, den ich dir sagen werde, als Brandopfer dar!» (Gen 22,2).

Der Sprung in den Glauben wird dem Abraham hier unabdingbar abgefordert.

Er muß ihn ganz persönlich vollziehen.

Wer kann eine solche Aufforderung verstehen, wer würde nicht bis in seine letzte Tiefe hinein erschrecken – ja abgestoßen werden?

Der Liebende? Nur der Liebende wagt es.

Wer sieht, wie Gott dieser großartigen Patriarchengestalt nahe steht, wie er bei ihr ist in der Wüste, im Zelt, in der Einsamkeit, wie er Freund ist – wagt der zu sagen: ich verstehe?

Dieser Gott, der sich dem Menschen Abraham in der Tiefe mitteilen will, der ihn ganz zu sich ziehen, zu seinem persönlichen Besitz machen will, dieser Gott, der ihn umformen will, aus einem Zelt- zu einem Himmelsbewohner machen will, dieser Gott prüft ihn auf eine absurde Weise, wie die Liebe auch immer absurd bleiben wird, wenn man sie nicht lebt – aber wahr und unerbittlich ist, wenn man sie besitzt. *«Nimm deinen Sohn . . .»*

Alle Engel des Himmels müssen wohl damals auf jenen Berg geschaut haben, wo sich ein Mensch daran machte, auf so tragische und radikale Weise seine Liebe zu bezeugen. Alle Toten, die je vor Abraham gelebt haben, müssen den Raum um ihn förmlich ausgefüllt haben, um zu sehen, wie Abraham den schwersten Tod starb.

Was hat Gott von diesem Menschen verlangt!

Wie leicht wäre es dagegen für ihn gewesen, sich selbst zu opfern, das Messer gegen sich selbst zu richten.

Das ist das Schwerste, das erst ist Glaube, das Geliebteste hinzugeben für den Geliebten. Nur die Liebe ist stärker als der Tod.

«Tue mich wie ein Siegel auf dein Herz, wie ein Siegel an deinen Arm! Denn stark wie der Tod ist die Liebe . . . Selbst gewaltige Wasser vermöchten nicht, die Liebe zu löschen; auch Ströme schwemmen sie nicht fort . . . (Hl 8,6–7).

Die Übermacht des überlegenen Verstandes und der Vernunft, die tiefen Gefühle der Zuneigung zu Isaak, werden sie angesichts einer solch absurden Bitte, die Bindung Abrahams zu seinem Gott, zu seinem *«höchstgeliebten Gut»*, zum absoluten Gipfel jedes denkbaren Wertes, nicht zerreißen?

Gott ist Gott. Abraham geht das Risiko mit ihm bis zum Letzten ein.

Dieser Gott ist aber auch der, der den ganzen Raum des Rationalen, ja auch des Irrationalen füllt.

Alles findet seinen Ausgleich in seiner Liebe. Diese erlaubt nicht, daß ein Mensch sich verletzt, wenn er ihn liebt.

Immer wieder muß man sich dies vor Augen halten: Der Glaube läßt sich weder von der Liebe noch von der Hoffnung trennen.

Im entscheidenden Augenblick der Prüfung, wenn der Mensch versucht, mit der gesamten, ihm verbleibenden Kraft das Unsichtbare zu durchschauen, in dem Augenblick merkt er, daß Glaube, Hoffnung und Liebe im Grunde eins sind und daß ihnen eine Macht, ja eine Gewalt innewohnt, die fähig ist, das gesamte Universum zu stürzen.

Dort auf dem Berge Morija in der Prüfung Abrahams hat der Mensch Gott umarmt wie nie zuvor. Für alle späteren Zeiten bleibt diese Liebe, die auch die ungeheure Zerbrechlichkeit des Menschen einschließt.

Danach aber steht eine ungeheure, außergewöhnliche göttliche Verheißung, die diesen Liebesbeweis abschließt:

«Ich schwöre es bei mir selbst – Spruch Jahwes –, weil du dies getan und deinen einzigen Sohn mir nicht vorenthalten hast, will ich dich reichlich segnen. Ich werde deine Nachkommenschaft zahlreich machen wie die Sterne des Himmels und wie den Sand am Gestade des Meeres; deine Nachkommen sollen das Tor ihrer Feinde besetzen. Durch deine Nachkommen sollen alle Völker der Erde gesegnet werden, weil du auf meine Stimme gehört hast» (Gen 22,16–18).

Ich weiß nicht, ob mir je in meinem Leben eine Glaubenstat abverlangt werden wird wie einst dem Abraham. Ich hoffe es auch nicht, denn ich bin armselig und schwach.

Um eine Glaubenstat sehr ähnlicher Natur komme ich aber ganz bestimmt nicht herum: um meinen Tod.

Der Preis des Glaubens ist Wagnis oder Tod selbst.

Es wird mein ganz persönlicher Tod sein.

Das Geschwätz der Menschen, womit man mich von diesem Problem ablenken will, ist lächerlich.

Ich werde es sein, der sterben muß.

Sterben ist ein Sprung ins dunkle, an das ich mich Schritt für Schritt gewöhnen muß.

Jede Glaubenstat meines Lebens trainiert mich für jenen harten Übergang. Der Verstand nützt hier nicht viel. Es nützt mir auch nicht die Idee, daß es christliches Anliegen sein muß, Besitz zu verteilen und unterdrückte Völker zu befreien. Wenn ich Besitz verschenke oder mitwirke bei der Befreiung der Völker, so ist das nur die Vorbereitung auf ein größeres Verschenken und auf eine absolute Befreiung: auf den Tod.

Der Augenblick des Todes ist etwas ganz und gar Unvernünftiges für den, der nur auf die Erde geschaut hat. Er ist sehr schmerzhaft für den, der sich fest an sie geklammert hat. Er ist so anstößig für den, der für den Absoluten wenig übrig hat. Er ist schrecklich, entsetzlich, fürchterlich.

Ich hoffe, bei mir wird das Sterben anders sein, weil ich mich am Glauben festhalte und Tag und Nacht die Waffen für den Todeskampf rüste, und Stunde um Stunde bete: *«Ich glaube, Herr. Hilf meinem Unglauben!»* (Mk 9,24).

Im Glauben sterben heißt, den höchsten Liebesakt erfüllen, zu dem wir fähig sind.

Einen Sprung zu wagen in die andere Welt mit der Gewißheit, daß ich in die Arme Gottes hineinspringe. Das ist meine Liebestat.

Durch die Wand des Unsichtbaren hindurchschreiten — im Glauben an seine Gegenwart, — das ist der größte Sieg meines Lebens, ist die schönste Antwort, die ich meinem Vater geben kann.

KAPITEL VIER

«Gott rief ihm aus dem Dornbusch zu: ‹Moses, Moses!›
Dieser antwortete: ‹Hier bin ich!›»
(Ex 3,4).

Der Gott des Glaubens ist kein schweigender, tatenloser, abwesender Gott.

Du bist Person, lebst, liebst: Als Person, als Leben, als Liebe steht Gott dir gegenüber. Er sucht dich und hat dich immer schon gesucht.

Auch du suchst ihn, selbst wenn du – und das geschieht oft – etwas ganz anderes tust.

Meiner Meinung nach ist alles, was wir auf Erden tun, nur eines: Suche Gottes.

Zuerst suchen wir ihn in den Dingen dieser Welt, dann in den Geschöpfen, in immer stärkerer Beziehung. Im reifen Glauben schließlich suchen wir ihn als persönliches Gegenüber. Er begegnet uns dort als Transzendenz und Nähe, über den Dingen und jenseits von den Geschöpfen: als der Absolute.

Man sollte immer wieder unterstreichen, daß der Anfang des Glaubenslebens von Gott selbst kommt. Der Glaube ist Gabe, Geschenk. Wir erhalten dieses Geschenk nicht auf einmal und nicht früher, als er es will, auch wenn wir noch so viele «Tugenden» üben.

Er ist unverdientes Geschenk. Gott kommt, wie die Sonne am Morgen, wenn es Zeit ist.

Uns ist die Haltung des Wartens und Wachens aufgetragen; Geschöpfe sind wir, nicht der Schöpfer.

Darum geht es: Nur Gott kann schaffen, nicht der Mensch. Dieser kann nur annehmen, empfangen, nichts selber schaffen.

Wenn Gott nicht ruft, gibt es keine Berufung, wenn er nicht kommt, gibt es keine Geschichte.

Diese ist ja gerade das Kommen Gottes in den Menschen und die Art und Weise, wie der Mensch antwortet.

Gott allein hat Himmel und Erde geschaffen. Er allein führt Geschichte herauf. Zwar ist es der Mensch, der sie durch seine Antworten verwirklicht, die Grundidee, der Plan, die Kraft zur Verwirklichung kommt jedoch von Gott.

Er ist die Wirkkraft, wir sind die Geschöpfe, die daraus entstehen.

Sünde, welcher Art sie auch sei, ist immer ein Ausschluß Gottes unsererseits.

Das kann schnell passieren – vielleicht deshalb, weil er ein «verborgener Gott» ist (Is 45,15).

Oder vielleicht deshalb, weil unser Auge nicht klarsichtig, unser Herz nicht rein genug ist.

Viele Menschen von heute schließen ihn zwar nicht ganz aus, aber sie sehen ihn eins mit dem Menschen, setzen ihn gleich mit der Befreiung der Menschheit bzw. mit der Geschichte oder dem All.

Es könnte so scheinen, ist aber nicht so.

Zwar kann ich mit Teilhard de Chardin sagen, Gott sei an der Spitze meines Bleistiftes oder meines Pfluges. Damit will ich aber zum Ausdruck bringen, daß zwischen der Idee und ihrer Verwirklichung, zwischen der Berufung und der Geschichte jedes einzelnen nur ein ganz kleiner Raum sein darf.

«Verzichte auf die Annahme dieses Raumes, und wir sind mit dir einverstanden», sagt man mir.

Gerade das kann ich nicht. Zwischen mir und ihm bleibt immer ein Raum. Und wäre es auch nur die dünne Gebärmutter, in der ich wie ein Embryo in seinem Schoß bin.

Ich bin ich – er ist er.

Ich bin der Sohn – er ist der Vater.

Ich bin es, der wartet – er ist es, der kommt.

Ich bin es, der antwortet – er ist es, der ruft.

«Gott rief: ‹Moses, Moses!› Dieser antwortete: ‹Hier bin ich!›» (Ex 3,4).

Merkwürdigerweise tun sich heute viele Christen, darunter sehr eifrige Bibelleser, mit dem Personsein Gottes schwer.

Die Bibel läßt aber keinen Zweifel daran, daß Gott ein persönlicher Gott ist: der Gott Abrahams, Isaaks und Jakobs – der Gott Jesu, der ruft, befiehlt, tadelt, tröstet.

Er ist Stimme, die redet, Ohr, das hört, Auge, das sieht.

Heute redet man viel davon, daß die Spiritualität des Menschen die des Exodus zu sein habe. Warum sieht man aber nicht, daß es dort im Exodus um zwei geht, um Gott und den Menschen?

Gott faßt seinen Heilsplan, das auserwählte Volk macht sich auf den Weg, heraus aus Ägypten.

Gott ruft Moses auf den Berg und gibt ihm die Gesetzestafeln, dem Moses wird die Gotteserscheinung zuteil.

Gott tut seinen Abscheu über Götzendienst kund, das Volk aber betet das goldene Kalb an.

Immer also sind es zwei: Gott und Mensch, ich und mein Gegenüber, der Freund und der Freund, der Bruder und der Bruder.

Gott ist Gegenwart, Dialog, Gebet!

Darf ich vielleicht daraus, daß es mühsam ist, seine Gegenwart zu erfahren, den Schluß ziehen, er sei nicht gegenwärtig?

Oder darf ich, weil ich taub und stumm geworden bin, behaupten, es gäbe keinen Dialog zwischen mir und ihm?

Vielleicht bete ich schon seit Jahren nicht mehr. Muß das zu der Überzeugung führen, daß das Gebet zu nichts nütze ist?

Wenn ich etwas tue, dann bin ohne Zweifel ich es, der da handelt. Daraus darf ich aber nicht voreilig schließen, daß auch die Kraft dazu von mir kommt, von mir allein.

Es braucht Zeit, bis wir ein Doppeltes in unserem Innern unterscheiden können: die Eingebung und unsere Antwort darauf, die Gnade und den Glauben.

Es kommt aber die Zeit, und wenn sie kommt, werden wir zu der Überzeugung gelangen, daß nichts in uns ist, das nicht von Gott käme.

Alles geht aus ihm hervor, hat in ihm seinen Ursprung, ist von ihm geschaffen.

Uns bleibt es, anzunehmen und auszuführen.

Die Wirkkraft ist von Gott, die Mitarbeit ist unsere Aufgabe.

Der Anruf ist von Gott, die Antwort muß von uns kommen.

Wenn wir die Dramatik abschwächen, daß es immer um zwei geht, wo hat dann die Liebe ihren Sinn, die doch die Erklärung für alles ist?

Liebe fordert immer zwei, und sie müssen einander nahe sein.

Wer Gottes Nähe nicht fühlt, mit ihm nicht reden kann, nicht weinen, nicht rufen, nicht schreien kann, verfällt in Verzweiflung und Trauer: erste Anzeichen der Selbstzerstörung.

Niemals verwirklicht sich eine Person allein, nie.

Immer brauche ich jemanden oder etwas, bis hin zu Gott, bis hin zur Fülle des himmlischen Gastmahls, an dem wir alle teilnehmen werden, alle ganz in Gott.

Bevor es nicht so weit ist, haben wir uns noch nicht ganz verwirklicht.

Deshalb gibt es das Leiden auf Erden. Es ist eine Spannung,

ein Kampf hin auf die Einheit, die Fülle und Freude, bis wir endlich Gott gefunden haben, Gott, dessen Bild wir sind. Ein Gott, der allein ist, wäre ein Einzelgänger, nicht ein Gott der Liebe.

Gott ist dreifaltig, weil er Liebe ist.

Die Dreifaltigkeit Gottes ist die Fülle der Liebe, der Mitteilung, des Geschenks.

Jesus bezieht sich immer wieder auf seinen Vater, läßt keinen Zweifel daran, daß zwischen ihm und dem Vater eine enge persönliche Beziehung besteht: *«Meine Speise ist es, den Willen dessen zu tun, der mich gesandt hat und sein Werk zu Ende zu führen»* (Joh 4.34).

«Und doch bin ich nicht von mir aus gekommen, sondern der Wahrhaftige ist es, der mich gesandt hat» (Joh 7,28).

«. . . dann werdet ihr erkennen, daß ich es bin und daß ich nichts von mir aus tue, sondern so rede, wie mich der Vater gelehrt hat» (Joh 8,28). *«Der, der mich gesandt hat, ist mit mir. Er hat mich nicht allein gelassen, weil ich allezeit tue, was ihm wohlgefällig ist»* (Joh 8,29).

Hier liegt die Natur und Bedeutung der Berufung des Moses, meiner Berufung, der eines jeden Menschen: *«Der, der mich gesandt hat, ist mit mir. Er hat mich nicht allein gelassen, weil ich allezeit tue, was ihm wohlgefällig ist.»*

Es gibt keine Worte, die gleichzeitig so hart, aber auch so tröstlich sind: *«Ich tue allezeit, was ihm wohlgefällig ist.»*

Das ist nur möglich, weil ich glaube, daß er mit mir ist. *«Er hat mich nicht allein gelassen.»*

KAPITEL FÜNF

*«Steh auf, iß! Denn sonst
ist der Weg zu weit für dich!»*
(1 Kg 19,7).

Der Gott, der ist, der Gott, der mich immer sucht, der Gott, der
sich in Beziehung zu mir setzt als Gegenwart, als Begegnung,
als Führer, gibt sich nicht damit zufrieden, mir etwas zu sagen,
mich auf etwas hinzuweisen, von mir etwas zu erbitten.

Er, der das Leben ist, weiß, daß seine Geschöpfe ohne ihn
nichts tun können. Er weiß, sein Kind stirbt, wenn es nicht sein
Brot bekommt.

Das Brot des Menschen aber ist Gott selbst. Er gibt sich
selbst, um zu ernähren.

Nur der, der das ewige Leben selber ist, kann dem zum ewigen Leben bestimmten Menschen Nahrung sein.

Das irdische Brot kann nur das Leben auf der endlichen Erde
gewährleisten, kann nur Stütze sein bis hin zur Grenze des
Unsichtbaren.

Will der Mensch diese Grenze überschreiten, so genügt ihm
das Brot seiner Äcker nicht mehr. Wer auf den Wegen des
Unsichtbaren gehen will, muß zum Brot greifen, das von oben
kommt.

Das Brot vom Himmel ist Gott selbst. Er wird Nahrung für den Menschen, der auf seinem Weg geht. Die Geschichte des Elias im ersten Buch der Könige wirft ein helles Licht auf den Plan Gottes mit dem Menschen, zeigt das außergewöhnliche Abenteuer des leidenschaftlichen Gottsuchers auf, der sich in der Kraft einer von Gott selbst gereichten Speise auf die unbekannten Wege führen läßt, über die Dinge dieser Welt, über sich selbst, die menschliche Geschichte, über alle Grenzen hinaus.

Abraham ist der Vater aller Glaubenden, Moses Urbild des Auszugs aus sich selbst, hin in das gelobte Land. Elias steht für alle jene, die irdische Denk- und Sehweise aufgeben, um zu Gott zu gelangen.

Dieser Elias verzehrt sich im Eifer für Gott, gibt sein Letztes, um das Reich aufzubauen, das seinen Vorstellungen und seiner Sicht des Guten entspricht.

Er hat abgerechnet mit den Feinden Jahwes, den Baalpriestern. Er kämpft für die Macht und Ehre des wahren Gottes, er hat Ordnung ins Land gebracht . . .

Gott aber sieht die Dinge anders. Sein Plan ist anders, seine Sensibilität feinfühliger. Er kümmert sich nicht nur um die «Polizisten», die die Straßen nach Übeltätern durchkämmen, er sorgt sich um diese «Bösen» selbst, nimmt sie als seine Kinder im vollen und wahren Sinn an, will sie nicht ausrotten, sondern sie umstimmen, ihnen helfen.

Die Offenbarung eines Gottes, der Liebe ist, mußte das Denken des Elias – wie auch aller Menschen vor ihm – übersteigen.

Es ist ja viel einfacher und entspricht der Anschauung des Menschen mehr, sich Gott unbesiegbar und stark vorzustellen, als den strengen, strafenden, rächenden Gott der Heerscharen.

Aber Gott hebt Elias weit über seine Vorstellungen hinweg.

Zuerst läßt er ihn in eine Krise geraten, schwach werden.

Elias beginnt zu verlieren. Es ist schwer, mit jemanden zu reden, der immer recht hat, der immer siegt.

Die Mächtigen dieser Welt stehen auf gegen ihn, bedrohen ihn sogar mit dem Tode.

Am Rande der Wüste unter dem Wacholderstrauch hören wir ihn zu Gott klagen: *«Nun ist es genug, Jahwe! Nimm meine Seele hin; ich bin ja nicht besser als meine Väter!»* (1 Kg 19,4).

Ein Mensch in Krise beginnt, seinen verletzten Stolz hinauszuschreien vor der ganzen Welt.

«Ich bin ja nicht besser als meine Väter!»

Er hatte sich aber tatsächlich für besser gehalten als die anderen. Was hatte er nicht alles für Gott getan! War es ihm aber nicht immer um sich selbst und um seinen Erfolg gegangen?

Es ist so leicht, sich zu freuen über den Triumph Gottes, wenn man in der Siegesprozession unmittelbar hinter ihm herschreitet. Wie süß ist dieses eigene Triumphgefühl, das man so geschickt als Gottes Triumph ausgeben kann.

Typisch für einen Menschen in der Krise: Elias verfällt nun ins andere Extrem, will einen Weg gehen, der dem ersten genau entgegengesetzt ist.

Vorher war er nur Aktion, jetzt nach der Niederlage, will er nur mehr die Hände in den Schoß legen, verbittert verflucht er sein früheres Tun.

Er begibt sich in die Isolation: *«Nun ist es genug, Jahwe ...»*

Aber Gott denkt anders: *«Steht auf und iß!»* Er läßt ihn ein geröstetes Brot zu seinen Häupten finden.

«Steh auf, iß! Denn sonst ist der Weg zu weit für dich!»

Dieses Brot, das Gott dem Elias in der Wüste gibt, ist Symbol jener Speise, die Nahrung für den Menschen sein soll: Sinnbild für das eucharistische Brot.

Es nährt ihn auf eine Weise, die ihn bereitet für das ewige

Leben. Die Grenzen dieser Welt kann der Mensch, so gestärkt, hinter sich lassen.

Diese Grenzen sind in unserer Erzählung durch die Wüste dargestellt.

«Da stand er auf . . . und wanderte in der Kraft jener Speise vierzig Tage und vierzig Nächte bis zum Gottesberge, dem Horeb» (1 Kg 19,8).

Die Zahl vierzig bedeutet sehr viel in der Sprache der Bibel.

Es braucht Geduld, die Wüste zu durchwandern. Bereitschaft braucht es, sich von der Wüste läutern zu lassen.

Vor allem aber bedeutet Wüste «Aufgeben».

Aufgeben müssen wir die Torheiten, mit denen wir unser Leben bauen wollten, aufgeben unsere Ideen, an die wir uns so sehr gebunden fühlten. Vor allem aber müssen wir jene Haltung aufgeben, mit der wir immer alles besser und im voraus wissen wollen, mit der wir immer recht haben wollen.

Um zur Schau des Angesichtes Gottes zu gelangen, muß man die Vernunft verlieren. Man muß sie hinter sich lassen.

Mit Rechthaberei und Vernünftelei gelangst du nicht zu Gott.

Echte Betrachtung beginnt, wenn du nicht mehr nachdenkst und fragst, sondern dich hingibst, etwas mit dir geschehen läßt . . .

Auch Elias ist — nach der Wanderung durch die Wüste — am Horeb endlich bereit, selbst nichts tun zu wollen, sondern etwas mit sich geschehen zu lassen. Er ist endlich bereit für die Offenbarung Gottes.

«Geh hinaus, und tritt auf dem Berg vor Jahwe hin!» Und siehe, da zog Jahwe vorüber. Ein gewaltiger, heftiger Sturm, der Berge zersprengt und Felsen spaltet, kam vor Jahwe her; aber Jahwe war nicht in dem Sturm.

Nach dem Sturm kam ein Erdbeben; aber Jahwe war nicht im Erdbeben.

Nach dem Erdbeben kam Feuer; aber Jahwe war nicht im Feuer.

Nach dem Feuer kam ein leises, sanftes Säuseln.

Da, als Elias das vernahm, verhüllte er sein Antlitz mit seinem Mantel, ging hinaus und trat an den Eingang der Höhle. Nun drang eine Stimme zu ihm, die sagte: «Was tust du hier, Elias?» (1 Kg 19,11–13).

Die Natur des Sakramentes ist übernatürlich, die Natur der Kontemplation ist passiv.

Laß die Dinge dieser Welt hinter dir! Wenn du betrachtest, such nicht in dir. Such vor dir!

Was helfen dir deine eigenen Ideen? Du kennst sie, weißt, wie vergänglich sie sind.

In der Kontemplation kommt es auf die Idee an, die immer bleibt, und diese kommt von Gott.

Daher glaube ich, ein Zentimeter Jenseits ist besser als ein Kilometer eigene Vernunft.

Mein ganzes bisheriges Leben bestand aus Eigenkonstruktion, aus «Vernünftigem». Ich will das jetzt aufgeben, so gut es eben geht. Wenn ich ganz vor Gott bin und liebe, lasse ich mit mir geschehen, überlasse ich mich ihm.

Wie Elias in der Höhle auf dem Berge Horeb will ich auf Gott warten.

Betrachtung ist etwas Passives: Gott kommt in uns, wird uns bewußt, läßt sich erkennen, *«wie er ist»*, nicht, wie er uns von außen erscheint.

In der Betrachtung verwirkliche ich voll mein Leben, nähre ich mich von ewigem Leben, denn für dieses bin ich ja bestimmt.

Demgegenüber ist alles andere von geringer Bedeutung.

«Suchet vielmehr zuerst das Reich und seine Gerechtigkeit, und all das wird euch dreingegeben werden» (Mt 6,33).

Er ist weder im Sturm noch im Erdbeben, noch im Wind.

Nichts davon hilft dem Elias, sich selbst zu verwirklichen. Aber im Schweigen ist er. Du mußt deine Seele zuvor im Schweigen reduzieren, hin auf den innersten, schwachen Kern. Im Schweigen wird Gott dort einkehren, einziehn wie Tau. Nur so kannst du Korn für die Scheune Gottes werden.

Ja, so ist es wirklich.

Wenn du mich fragst, wie sich mir Gott geoffenbart hat, muß ich antworten: «Er hat sich mir gezeigt als das Neue.»

Ich bin nicht mehr jung – ich bin alt. Alles in mir ist alt, langweilig, überholt.

Aber wenn ich das Antlitz Gottes suche, finde ich die Jugend.

Unser Gott ist jung – niemals wiederholt er sich.

Wenn ich bete, suche ich die Jugend Gottes, wenn ich betrachte, ahne ich seine Jugend.

Das ist das Einzige, was nie müde macht.

Ich habe verstanden: Wenn ich nicht bete, gehe ich nicht an gegen mich selbst, mein Alter, meine Müdigkeit, wenn ich nicht betrachte, bleibe ich ohne Verheißung, ohne Erfüllung, wenn ich das göttliche Leben nicht immer in mich hineintrinke, bleibe ich ohne Charisma.

Wer bin ich ohne den ewig neuen, ewig jungen Gott?

Wer bin ich ohne Verheißung?

Wie kann ich dienen, ohne Charisma?

KAPITEL SECHS

*«Laß mich los,
denn die Morgenröte bricht an!»*
(Gen 32,27).

Die Offenbarung Gottes als Liebe und nicht als Stärke, als sich Mitteilender und nicht als Erdbeben, als Jugend und nicht als Alter ist immer erst der Anfang des Planes Gottes mit dem Menschen.

Gott will von seinen Geschöpfen nicht nur erkannt werden, er will sich ihnen schenken.

Der ganze Vorgang der «Vergöttlichung» des Menschen hat eine Vereinigung zum Ziel, die die Schrift nur im Bild der Ehe beschreiben kann.

«Dann wirst du mir angetraut auf immer, angetraut in Gerechtigkeit und Recht, in Liebe und Erbarmen. Du wirst mir angetraut in Treue, auf daß du erkennst, daß ich Jahwe bin» (Os 2,21–22).

Eines der schönsten Bücher der Bibel, in dem die ganze Erfahrung eines Mystikers zum Ausdruck kommt, ist sicher das Hohelied. Es zeigt die Liebe zwischen Gott und Mensch am eindringlichsten auf.

«Ja, du bist schön, meine Freundin,
ja, du bist schön!
Deine Augen sind Tauben gleich hinter deinem Schleier!»
(Hl 4,1).
　«Du, meine Schwester Braut,
　hast mein Herz berückt,
　hast mein Herz berückt» (Hl 4,9).
　«Ich schlief, doch mein Herz war wach» (Hl 5,2).

Johannes vom Kreuz, vielleicht der größte Mystiker, den wir kennen, lehnt sich in seinem «Geistlichen Gesang» eng an dieses Buch der Bibel, an das Hohelied:

Die Braut:

Mein Lieb will suchen gehen
Ich über Berge und in Flußrevieren,
Die Blumen laß ich stehen,
Leid' Schrecken nicht von Tieren,
Will Starke und will Grenzen kühn passieren.

Ach, wer kann Heilung spenden?
O, komm Du selbst, denn Dich nur möcht' ich fragen!
Wollst nicht mehr Boten senden:
Was sie für Nachricht tragen,
Die ich verlange, kann mir keiner sagen.

Wie harrst Du aus, o Leben,
Da, wo Du lebst, kein Leben zu erlangen?
Den Tod die Pfeile geben,
Die tief ins Herz dir drangen,
Durch das, was vom Geliebten Du empfangen?

Willst Du nicht heilen kommen
Das Herz, das Du verwundet hast, verlassen?

Da Du es mir genommen,
Wie kannst Du's liegen lassen
Und nicht den Raub, den Du geraubt, nun fassen?

Als Du allein – o ende meine Peinen!
Auf Dich wend' meine Augen,
Du als ihr Licht mußt scheinen,
Ich wahre sie für Dich nur, für den Einen.

O zeige dich enthüllet,
Und töte mich durch Deiner Schönheit Strahlen.
Der Liebe Schmerzen stillet,
Denk' es in ihren Qualen,
Sein Anblick nur, der einzig sie erfüllet.

Der Bräutigam:

O Täublein, wend' die Flügel,
Der Hirsch läßt sich erblicken
Verwundet auf dem Hügel,
Das Wehen Deines Flugs soll ihn erquicken.

Die Braut:

Du bist wie Berge, hehre,
Geliebter, und wie Wald als Einsamkeiten,
Wie Inseln ferner Meere,
Wie rauschend Stromesgleiten,
Und säuselnd linder Lüfte Lieblichkeiten.

Gleich stiller Nacht, der schönen,
Die schon das neue Morgenlicht durchdringet,
Musik mit leisen Tönen
Und Einsamkeit, die klinget,
Erquickend Nachtmahl, das die Lieb' beschwinget.

Der Bräutigam:

Die Braut ist eingegangen
In des ersehnten Gartens Lieblichkeiten,
Sie ruht nun nach Verlangen,
Den Nacken läßt sie gleiten
Auf des Geliebten Arme, die sich breiten.

Die Braut:

Ein Blütenbett uns ladet,
Von Löwenhöhlen ist es rings umgangen,
In Purpurglanz gebadet,
Von Frieden ganz umfangen,
Goldschilde tausend dran als Zierde hangen.

Im innern Kellerraum
Trank ich von dem Geliebten und trat vor:
An weiten Feldes Saum
All Wissen ich verlor,
Fand auch die Herd' nicht, der ich folgt' zuvor.

Dort reicht' er mir die Brust.
Wollt' mir sein süßes Wissen nicht verhehlen;
Ich gab mich ihm mit Lust.
Ließ auch an mir nichts fehlen,
Und dort versprach ich, ihm mich zu vermählen.

Ihm dient die Seele immer,
All meinen Reichtum hab' ich ihm verschrieben:
Die Herde hüt' ich nimmer,
Kein Amt ist mir geblieben –
Nur eines üb' ich noch, und das ist Lieben.

Du hast mich angesehen,
Nicht auf dem Dorfplatz findet
Man mich, die sich zu zeigen nicht gesonnen,
Verloren ging ich, kündet;
In Liebesglut entronnen,
Ging ich verloren frei und ward gewonnen.

Laß Freude uns umwehen!
Mit Gnadenreizen mich Dein Auge schmückte
Davon ist es geschehen,
Daß ich Dein Herz berückte,
Anbetend, was in Dir mein Aug' entzückte.

Laß uns die Schritte lenken,
Daß wir in Deiner Schönheit schauen gingen.
Wo Berg und Hügel stehen,
Wo Wasser rein entspringen;
Laß tiefer uns hinein ins Dickicht dringen.

Dort wirst Du dann mich lehren,
Wo schroff sich in den Felsen tief hinein
Verborgne Höhlen senken,
Da laß uns treten ein
Und kosten der Granaten jungen Wein.

Des Lufthauches lindes Leben,
Wenn süßer Nachtigallen Sang man höret,
Wonach verlanget meiner Seele Streben,
Sogleich wirst Du gewähren
Mir dort, o Du mein Leben,
Was Du mir schon an jenem Tag gegeben.

Der Hain mit seinen Gaben
In heit'rer Nacht gewähret,
Die Flamme, welche ohne Schmerz verzehret.

(Übersetzung von Edith Stein in «Kreuzeswissenschaft, Studie über Johannes von Kreuz» Louvain/Freiburg 1954)

Gäbe es nicht wirklich eine intime, ganz aufsaugende, endgültige Beziehung des Menschen mit der Realität, dem Absoluten, mit Gott – es wäre die größte Narrheit des Menschen gewesen, eine solche zu ersinnen.

Aber es gibt sie eben wirklich!

Sie kommt hervor aus der grenzenlosen Barmherzigkeit des Schöpfers, zeigt die ganze göttliche Liebe, insofern sie sich auf den Menschen erstreckt. Sie zeigt, wie sehr dieser Gott, der einen wunderbaren Heilsplan für den Menschen faßt, diesen doch an Größe überragt.

Immer wieder trifft man auf ganz vernünftige Leute, die am Hohenlied Anstoß nehmen, es am liebsten der Jugend als gefährliche Lektüre vorenthalten möchten. Dabei hat es doch einen hohen Wert!

Überhaupt: Hat man nicht zu gewissen Zeiten die gesamte Bibel für ein gefährliches Buch gehalten? Ich möchte so sagen: Um uns vor Verdauungsstörungen zu schützen, war man bereit, uns verhungern zu lassen. Vergessen wir aber die Vergangenheit, blicken wir lieber auf die Gegenwart! Halten wir uns nicht bei Irrtümern auf, wenden wir uns der Wahrheit zu!

Gott will sich dem Menschen schenken. Sein Volk nennt er Braut. Israel – und das ist der Name für alle an Jahwe Glaubenden – rühmt sich dessen.

Übrigens könnten wir uns fragen, welches das Bild der Liebe ist? Ist nicht doch die Vereinigung das Ziel der Liebe? Die Hingabe seiner selbst?

Hat nicht Gott, die Liebe, der ganzen Schöpfung dieses sein Siegel aufgeprägt?

Ist nicht gerade die Liebe das allumfassende Lied der Schöpfung? An Liebe haben die Menschen immer geglaubt, sie haben davon gelebt. Sollten die Liebe eines Kindes, die Liebe einer Mutter, die Liebe zum Bruder, zum Freund, zur Braut – Erfahrungen, die der Mensch erlebt und gelebt hat auf dieser Erde – am Grabe enden?

Würden wir dem Tod das letzte Wort lassen, wenn wir die Schöpfung ersonnen hätten.

Hätten nicht auch wir dafür gesorgt, daß die Liebe über diese Welt und über den Tod hinaus weitergehen kann?

Sollte Gott weniger erfinderisch sein als wir, weniger darauf bedacht, alle glücklich zu machen?

Nein, wir dürfen es glauben, und wir dürfen es wissen: Die Liebe geht über den Tod hinaus, ja sie wird noch größer sein als der Tod.

Inzwischen wird sie noch mehr geläutert. Sie wird frei von Belastungen, von Angst, Egoismus und Eifersucht. Aber sie wird bleiben, ja, sie wird bleiben. Denn die Liebe ist das Ziel unserer Existenz.

Am Ende unseres Lebens steht das Reich Gottes, genauer gesagt das Liebesmahl mit ihm, die ewige Hochzeit des Lammes. Die Braut ist Israel, ist die Menschheit, jeder von uns. Die ganze Bibel kündet und proklamiert jene ewige Hochzeit zwischen Israel und Jahwe. Das Volk Gottes kann und soll sich dessen rühmen.

Zweifel und Angst darf es nicht mehr kennen.
Israel ist die Braut Jahwes!

Israel war aber nicht immer Urbild und Symbol eines jeden von uns. Israel war einmal Jakob, lebte noch diesseits der Grenze des gelobten Landes.

Jakob ist der Sohn Isaaks, und Abraham war sein Großvater.

Wie diesem, so hatte Jahwe auch dem Enkel in einem außergewöhnlichen Augenblick seiner Existenz eine Verheißung gegeben. Dies geschah an einem bestimmten Ort, an dem er die Nacht verbringen wollte. Den Kopf auf einen Stein gelegt, war er eingeschlafen. Er träumte:

«Siehe, eine Leiter war auf die Erde gestellt, deren Spitze den Himmel berührte. Und siehe, Engel Gottes stiegen daran auf und nieder.

Und siehe, Jahwe stand über ihr und sprach: ‹Ich bin Jahwe, der Gott deines Vaters Abraham und der Gott Isaaks. Das Land, auf dem du ruhst, will ich dir und deinen Nachkommen geben.

Deine Nachkommenschaft soll zahlreich sein wie der Staub der Erde und du sollst dich nach West und Ost, nach Nord und Süd ausbreiten, und durch dich und deine Nachkommen sollen alle Geschlechter der Erde gesegnet werden. Siehe, ich bin mit dir. Ich will dich überall behüten, wohin du gehst›» (Gen 28,12–15).

Diese Verheißung, die Jakob in Bethel erhält, ist der Schwung zu seiner Berufung, ist die Kraft auf seinem Weg.

Sie begleitet ihn, den Nomaden auf seinen Wanderwegen, zu seinen Weideplätzen, zu seinen Zelten.

Sein Glaube wird rein und lauter, bereitet ihn vor für die Nacht des «Übergangs».

In dieser Nacht wird er einen neuen Namen erhalten; aus Jakob wird Israel. Hier wird Jahwe gerade ihm die neue, die mystische Dimension seines Heilsplanes erschließen und das Endziel der eschatologischen Berufung der ganzen Menschheit zeigen, die in ihm vertreten war. Jakob wird in dieser Nacht offenbar, daß Gott am Werk ist mitten in seiner Existenz.

«Noch in der gleichen Nacht stand er auf, nahm seine beiden

Frauen, seine beiden Mägde und seine elf Söhne und durch-
schritt die Furt des Jabbok. Er nahm sie, führte sie über den
Fluß und brachte auch alle seine Habe hinüber»
(Gen 32,23–24).

Dann bleibt er allein.

Die außergewöhnlichste Stunde seiner Existenz hat geschlagen.

«Da rang ein Mann mit ihm bis zum Anbruch der Morgen-
röte.

Als dieser sah, daß er ihn nicht überwinden könne, berührte
er ihn an der Hüftpfanne, so daß die Hüftpfanne Jakobs ausge-
renkt wurde, während er mit ihm rang. Darauf sprach er: ‹Laß
mich los, denn die Morgenröte bricht an!› Er aber sagte: ‹Ich
lasse dich nicht, bis du mich gesegnet hast.› Der sprach zu ihm:
‹Wie heißt du?› Er antwortete: ‹Jakob.› Da sagte jener: ‹Du
sollst nicht mehr Jakob heißen, sondern Israel, denn du hast
dich Gott gegenüber als stark erwiesen, und über Menschen
wirst du siegen.› Da fragte Jakob und sprach: ‹Tu mir doch dei-
nen Namen kund!› Er aber antwortete: ‹Warum fragst du mich
nach meinem Namen?›» (Gen 32,25–30).

Auch Bilder sind Zeichen, wie ja auch die Sakramente Zeichen sind. Alles, so denke ich, ist Zeichen. Zeichen verhüllen
und enthüllen, Zeichen erklären und machen lebendig, Zeichen
erzählen dem Menschen von den geheimnisvollen Dingen Gottes.

Wie die Buchstaben des Alphabets sind diese Zeichen, die
eine unerkennbare Sprache Gottes in den begrenzten Erkennt-
nisbereich des Menschen vermitteln. Mit dem Bild der verbote-
nen Paradiesesfrucht war die Sünde dargestellt, mit dem Bild
der Rippe des Adam, aus der Gott die Eva schafft, die untrenn-
bare Einheit zwischen Mann und Frau. So ist mit diesem
Kampf Jakobs das ganze Geheimnis des Gebetes gezeigt, der

Kampf zwischen Gott und dem Menschen, als Spannung der Liebe zwischen Schöpfer und Geschöpf.

Der Mensch will vorbeigehen, Gott läßt ihn nicht, er will aber, daß er vorbeigeht.

Der Mensch kämpft mit Gott. Ist Gott glücklich, das Herz des Menschen an seinem Herzen zu spüren?

Der Mensch will das Ja Gottes hören, er will darum kämpfen, er will es erzwingen. Gott aber sagt es ihm nicht. Er möchte die Bitte immer wieder hören, immer von neuem, er will, daß sie immer eindringlicher wird.

Die Dialektik der Liebe zwischen Gott und Mensch ist in diesem Kampf ausgesagt. Das Verhältnis zwischen dem Ja des Menschen und dem Ja Gottes erhält deutlichen Umriß.

Gott gibt dem Menschen nicht nach, denn dessen Verlangen ist noch oberflächlich und unreif.

Gott läßt den Menschen weinen, denn er hat es noch nötig.

Er läßt den Menschen warten, denn noch ist für ihn dieses Warten notwendig.

Die Einigung zwischen Gott und Mensch ist noch nicht reif genug, die Wünsche des Menschen sind noch unklar.

Der Kampf dauert lange und die Nacht ist dunkel, gerade deswegen.

Aber dann kommt die Morgenröte, und alle Dinge werden anders.

Hier auf der Erde wird der Kampf weitergehen. Wie Jakob sind wir Kampfplatz zwischen Sichtbarem und Unsichtbarem, zwischen dem irdischen Reich und dem himmlichen, zwischen Natur und Übernatur. Wir möchten hier unten leben und strecken uns doch hoffend nach dem aus, was droben ist. Wir hungern nach Brot und wissen doch, daß wir nur von oben her satt werden können. Wir freuen uns und leiden an den Abschnitten unseres Lebens und wissen doch, daß wir unser eigentliches Zuhause im ewigen Sommer Gottes haben.

Der Kampf ist lange und anstrengend.

Vielleicht werden auch wir verwundet und verletzt wie damals Jakob. Daran wird uns deutlich, daß wir Gott nicht in diesem Leben überwinden können, sondern nur im geduldigen Tod.

Erst nach diesem Kampf können wir in sein Reich eingehen. Erst dann haben wir die Reife, Gott und mit ihm die ganze Schöpfung zu umarmen.

Unser guter, alter Katechismus hat recht, wenn er sagt: «Gott hat uns dazu geschaffen, daß wir ihn erkennen, lieben und ihm dienen in diesem Leben und uns dann seiner ewig erfreuen im anderen.»

«Erfreuen» meint hier Besitz, es sagt das Geheimnis der endgültigen Einigung mit Gott an. Jakob war sie noch nicht beschieden. Wir gehen ihr entgegen, gehen auf einen neuen Himmel und eine neue Erde zu, von der uns in der Apokalypse gesungen wird und die als Hoffnung für das betende Gottesvolk verheißen ist.

KAPITEL SIEBEN

«Ich weiß, daß der Messias kommt»
(Joh 4,25).

Gott gibt sich dem Menschen nicht mit einem Mal zu erkennen. Die ganze Heilsgeschichte ist Geschichte Gottes, der kommt.

Immer ist er es, der kommt, wenn er auch noch nicht in seiner ganzen Fülle gekommen ist.

Eine Weise seines Kommens hat aber eine ganz besondere Bedeutung. Alles andere war nur Vorbereitung daraufhin.

Gemeint ist Gottes Kommen in der Menschwerdung. Durch sie wird Gott auf eine umfassende Weise in der Welt gegenwärtig. Jede vorhergehende Art seiner Gegenwart steht im Schatten dieser einen.

In Jesus Christus wird Gott Mensch, wird Mensch in einmaliger und offensichtlicher Weise. Damit haben alle Überlegungen über ihn, die man zuvor anstellte, keine Bedeutung mehr. *«Gott, den man nicht sieht und nicht berühren kann, wird sichtbar und berührbar in Christus.»*

Wenn Jesus Christus wirklich Gott ist, fällt Licht auf alles. Glaube ich das nicht, bleibt mir alles unklar und dunkel.

Dunkel bleibt die Bibel, der Mensch erwartet eine Verheißung, die es überhaupt nicht gibt, besser: für die es keinen Raum, keinen Tempel, keine Heimat mehr gibt.

An die Menschwerdung glauben, daran, daß Gott Mensch geworden ist und unter uns gelebt hat, daß Jesus wirklich der Sohn Gottes ist, heißt der Bibel glauben.

Oft und oft spricht die Bibel von ihm. Sie sagt seine Geburt voraus (Is 7,14), den Ort, wo er geboren werden soll (Mich 5,1–3), sagt Genaueres über seinen Ursprung und seine Abstammung (Is 7,11 ff.), über sein Verhalten gegenüber den Menschen (Is 8,23; 9,1; 49; 58,6; 61,1–2) und seinen Charakter (Is 42 ff.). Die Bibel redet von seiner Armut, davon, wie man ihn behandeln und verraten wird (Is 50 ff.; 52,13 ff.; 53 ff.).

Schon acht Jahrhunderte vor seinem Kommen hat ihn die Bibel vorgestellt als den Schmerzensmann:

«Er wuchs empor vor uns wie ein Reis,
wie eine Wurzel aus dürrem Erdreich.
Keine Gestalt besaß er, noch Schönheit;
wir scheuten, und es war kein Anblick,
daß wir seiner begehrten.
Verachtet war er und von den Menschen gemieden,
ein Mann von Schmerzen, leiderfahren;
wie einer, vor dem man sein Angesicht verhüllt,
verabscheut, von niemand beachtet.
Aber wahrlich, unsere Krankheiten hat er getragen,
unsere Schmerzen hat er auf sich geladen;
doch wir hielten ihn für einen Geschlagenen,
den Gott getroffen und gebeugt hat.
Er ward durchbohrt um unserer Sünden willen,
zerschlagen für unsere Missetaten.
Zu unserem Frieden lag die Strafe auf ihm;
durch seine Striemen ist uns Heilung geworden.

Wir alle irrten umher wie die Schafe,
jeder ging seine eigenen Wege.
Aber Jahwe ließ ihn treffen die Schuld von uns allen.
Er wurde mißhandelt, doch er beugte sich.
Er öffnet nicht seinen Mund.
Wie ein Lamm, das man zur Schlachtbank führt;
wie ein Schaf vor dem Scherer verstummt,
öffnet er nicht seinen Mund.
Durch Gewalt und Gericht ward er ergriffen;
wer kümmert sich um einen Rechtsfall?
Er ward herausgerissen aus dem Land der Lebendigen;
unserer Sünden wegen ward er zu Tode getroffen.
Bei Verbrechern bestimmte man sein Grab und
bei Reichen seine Gruft,
obgleich er niemals Unrecht tat
und kein Trug in seinem Munde war.
Jahwe gefiel es, ihn durch Leiden zu zermalmen;
wenn er sein Leben als Schuldopfer hingibt.»

(Is 53,2–10).

Wer ist diese Gestalt, die in der ganzen Heilsgeschichte, an jedem Abschnitt der Wanderung des Gottesvolkes gegenwärtig ist? Wer ist er, die Hoffnung der Völker, der Emmanuel (Gott-mit-uns), der Gesalbte des Herrn und Messias? Wer ist jener, der da kommen soll, der Christus Gottes?

Es ist ganz und gar unmöglich, ihn aus der Bibel hinwegzudenken.

Wenn es schwierig ist, an Jesus von Nazareth zu glauben, so ist es doch noch schwieriger, nicht an ihn zu glauben.

Ich komme von ihm nicht los, auch wenn ich es möchte. Er ist so ganz in mein Leben eingetreten, daß ich das Licht leugnen würde, leugnete ich ihn.

Woher sollte mir aber dann Licht kommen?

Wer von uns könnte sagen, es gäbe in seinem Leben einen größeren Propheten als Jesus von Nazareth?

Gibt es ihn überhaupt?

Gegenfrage: Gab, gibt es einen Menschen, der Größeres sagte und tat als er?

Wenn man versucht, alles zusammenzuschauen, was je über Gott und Menschen gesagt wurde, wenn man sich allen «religiösen Gestalten» der Welt zuwendet, die einmal gelebt haben und die jetzt leben, und wenn man vor solchen Hintergrund die Gestalt Jesu stellt – wer könnte sagen, es habe je einen Menschen gegeben, den man mit ihm vergleichen könnte?

Mit ihm erfüllt sich die Verheißung, die Zeit beginnt neu mit ihm. Von seiner Geburt zählen wir die Jahre der Geschichte wie von einem Nullpunkt, in ihm sind wir aufs neue geboren.

«Wahrlich, wahrlich, ich sage dir: Wer nicht von neuem geboren wird, kann das Reich Gottes nicht schauen» (Joh 3,3).

Von neuem anfangen, von neuem ins Leben treten heißt doch, einen einfacheren, leichteren, unbeschwerteren Weg gehen.

Der Apostel Paulus hatte diesen Sachverhalt sofort verstanden. Er sorgte sich sehr um jene, die weiterhin am Vergangenen kleben wollten, die auch nach Jesus noch Zeit dafür verschwendeten, Beschneidung und Taufe miteinander zu vermengen.

Christus hat uns von der Vergangenheit mit all ihren Wirrungen erlöst. In ihm sind wir *«neue Geschöpfe»* geworden, beginnen unser Leben neu in ihm. Niemandem gegenüber haben wir Schulden. Mein Lebensbuch fängt mit einer neuen Seite an.

Warum hältst du dich auf bei Vergangenem und Sünde? Geh deinen Weg im neuen Leben, das dir zuteil geworden ist, und sündige nicht mehr!

Aber damit noch nicht genug! Damit wir einen leichteren Weg im «neuen Leben» haben, zerstört Jesus die Gesetzesfrömmigkeit. Er selber setzt sich an die Stelle aller Gesetzes- und Moralbücher, tut es mit einem einzigen Satz:

«Ihr habt gehört, daß zu den Alten gesagt worden ist ...
Ich aber sage euch ...» (Mt 5,21–22).

Er ist das Buch des Lebens, ist Tradition und Gesetz.

«Denn ich habe euch ein Beispiel gegeben, damit auch ihr tut, wie ich euch getan habe ...» (Joh 13,15). *«Das ist mein Gebot, daß ihr einander liebet, wie ich euch geliebt habe»* (Joh 15,12).

Jesus schließt die Vergangenheit ab, erfüllt die Verheißung, geht ein in die Geschichte.

Nach ihm brauchen wir nicht mehr auf viele zu schauen. Der Blick auf ihn genügt.

Ihm nachzufolgen, wird zur Lebensnorm. Wer an ihn glaubt, hat nicht nur das Heil, sondern *«ewiges Leben»*.
«Wer an mich glaubt, hat ewiges Leben»
(Joh 6,47).

Mit ihm wird eine neue Menschheit geboren, zusammengesetzt aus Himmel und Erde, Sichtbarem und Unsichtbarem, menschlicher und göttlicher Hoffnung. Sie besteht aus Gliedern, die Erdenbürger und Himmelsbürger in einem sind, Menschenkinder und Kinder Gottes.

In seiner Kraft kann jeder Mensch Sohn des Allerhöchsten werden, Wohnung Gottes und Erbe des Himmels.

Das Wort ist Fleisch, Gott ist Mensch geworden.
Der Mensch durfte Gott auf dieser Erde schauen.
Hören wir dazu die unvergleichlichen Worte des Apostels Johannes:

«Was von Anfang an war,
was wir gehört und mit unseren Augen gesehen haben,
was wir betrachtet und was unsere Hände betastet haben,
vom Wort des Lebens ...» (1 Joh 1,1).

Dieser Satz trifft doch in der Tiefe: «... *was unsere Hände betastet haben* ...»

Die Menschen haben ihn weinen und essen sehen, schlafen und gehen.

Sie konnten zuschauen, wie er gelitten hat, gequält wurde. Reden konnten sie ihn hören.

Sie haben gesehen, wie er nachts allein wegging, um zu beten, hörten ihn Wind und Meer bedrohen. Vor ihren Augen hat er Kranke geheilt und den toten Lazarus auferweckt. Vor dem Tempel in Jerusalem haben sie ihm zugehört, als er vom Reich sprach.

Die Erinnerungen an ihn sind bei seinen Freunden und bei allen, die ihm nachfolgten, geblieben, lebendig geblieben auch nach seinem Weggang.

«*Wir, die wir mit ihm auf dem heiligen Berg waren* ...» So wird Petrus noch viele Jahre später schreiben, als er auf den Straßen des Römischen Reichs einherzog.

All das kam ihm wieder in den Sinn, was dort oben auf dem Tabor passiert war. Das Licht, das er dort geschaut hatte, der Verklärte, Göttliche: das gab ihm Kraft, seine Sache bis zum Blutzeugnis hin zu vertreten, sich nicht zu drücken, auch, als er es noch hätte können.

Wenn Jesus wirklich der menschgewordene Gott ist, dann muß sich etwas von Grund auf ändern in der Geschichte des Menschen. Wenn Gott eingetreten ist in diese Geschichte, dann steht diese unter neuen Vorzeichen.

Die Menschheit ist mit der Menschwerdung «Raum Gottes» geworden, der Mensch selbst mit Gott verwandt und Christi Bruder.

Ist Gott in Jesus einer von uns geworden, dann kann man das nicht genug würdigen: Die Hoffnungen des Menschen können sich sicher auf ihn stützen.

Wenn Jesus Gott ist und gleichzeitig mein Bruder, dann darf ich keine Angst mehr haben.

Gott ist mein Bruder: Das schafft uns neue Horizonte, ändert unsere Existenz. Am Weinberg meiner Vorfahren habe ich kein Interesse mehr, da ich doch mit Christus den Weinberg Gottes betreten habe.

Warum sollte ich mich noch für das Erbe meines Vaters interessieren, da ich doch nun Erbe Gottes geworden bin?

Die Maßstäbe haben sich geändert; das Reich Gottes ist überhaupt ohne Maß.

Paulus beschreibt die neue Wirklichkeit so:

«Gepriesen sei der Gott und Vater unseres Herrn Jesus Christus, der uns mit jeglicher Art von geistlichem Segen in den Himmeln gesegnet hat in Christus.

Denn in ihm hat er uns auserwählt vor Grundlegung der Welt, auf daß wir heilig seien vor seinem Angesicht und makellos. In Liebe hat er uns durch Jesus Christus dazu vorausbestimmt, zur Sohnschaft hin zu ihm nach dem Wohlgefallen seines Willens, zum Lobe der Herrlichkeit seiner Gnade, mit der er uns in dem Geliebten begnadet hat» (Eph 1,3–6).

Dann faßt er den ganzen Heilsplan zusammen:

«Denn er tat uns kund das Geheimnis seines Willens, so wie es ihm gefiel, so wie er es sich vorgenommen hatte in ihm, zur Verwirklichung der Fülle der Zeiten, nämlich das All in Christus wieder unter ein Haupt zu fassen, das Himmlische und das Irdische. Ja, in ihm sind wir auch zu Erben eingesetzt worden, die wir im voraus auserwählt wurden nach dem Vorsatz dessen, der alles nach dem Entscheid seines Willens wirkt. Wir sollten zum Lobpreis seiner Herrlichkeit dienen, wir, die wir schon vorher unsere Hoffnung auf Christus gesetzt haben» (Eph 1,9–12).

Keine üblen Aussichten für uns armselige Menschen!

Freilich, diese Worte sind wie ein Traum für jene, die täglich

Hunger leiden oder krank sind, für die Jobsgestalten dieser Welt.

Trotzdem muß man sie festhalten als Kern unseres Glaubens und Triebkraft unserer Hoffnung, auch wenn sie uns dunkel erscheinen.

Erben Gottes sind wir, Heilige auch mit unseren Sünden! Mit Christus sind wir auferstanden, auch wenn wir leiden und den Tod in unseren Gliedern spüren.

Auch wenn uns der Schmerz Tränen in die Augen treibt, das Herz versteinert angesichts der Dinge, die wir nicht verstehen können, wie auch der Menge, die Jesus ans Kreuz schlagen will – es bleibt uns doch die Glaubensgewißheit in Christus, der Blick auf ihn in den Stürmen der Zeit, und wir sagen mit Paulus:

«Er ist das Bild des unsichtbaren Gottes, der Erstgeborene vor aller Schöpfung. Denn in ihm ward alles erschaffen, im Himmel und auf Erden, das Sichtbare und das Unsichtbare, seien es Throne oder Hoheiten oder Herrschaften oder Gewalten: alles ist erschaffen durch ihn und auf ihn hin. Und er ist vor allem, und alles hat in ihm Bestand. Und er ist das Haupt seines Leibes, der Kirche. Er ist der Anfang, der Erstgeborene aus den Toten, damit er in allem den Vorrang habe. Denn Gott gefiel es, in ihm die ganze Fülle wohnen zu lassen und durch ihn alles auf ihn hin zu versöhnen, indem er Frieden stiftete durch das Blut seines Kreuzes, ja durch ihn zu versöhnen, sowohl was auf Erden als auch was im Himmel ist» (Kol 1,15–20).

KAPITEL ACHT

«Unser Vater im Himmel»
(Mt 6,9).

Die Menschwerdung des Wortes Gottes, das Kommen Jesu und seine Gegenwart in der Geschichte sind Menschwerdung, Kommen und Gegenwart des *«Zeugen des Absoluten»*, des einzigen und wahrhaftigen Zeugen der *«Dinge von droben»*.

Er sagt von sich: *«Und doch ist niemand in den Himmel hinaufgestiegen außer dem, der vom Himmel herabgestiegen ist, der Menschensohn, der im Himmel ist»* (Joh 3,13).

Ist nie jemand «hinaufgestiegen», kann auch niemand von dem reden, was oben ist. Das ist wohl einleuchtend.

Nur Jesus kann über den Himmel, das Unsichtbare, eine Aussage machen; denn er allein kommt *«von dort»*.

Seine Sendung liegt im Zeugnis-Geben.

Er hat gehört, gesehen und weiß von allem.

Und von daher kann er sagen: *«Was ich bei meinem Vater gesehen habe, rede ich . . .»* (Joh 8,38), oder auch: *«Ich aber kenne ihn. Und wenn ich sagen würde: ‹Ich kenne ihn nicht›, so wäre ich wie ihr, ein Lügner»* (Joh 8,55).

Von wem legt Jesus Zeugnis ab?

Von wem redet er? Wer ist es, dessen Gegenwart den ganzen unsichtbaren Himmel füllt?

Er bezeugt uns die Existenz des Vaters, er redet von Jahwe und nennt ihn Vater, er sagt von ihm *«mein Vater und euer Vater, mein Gott und euer Gott»* (Joh 20,17).

Gerade hier beginnt die Sendung Jesu: uns den Vater zu offenbaren, von ihm zu reden und ihn zu bezeugen.

Offen bekennt er seine Abhängigkeit vom Vater: *«Ich bin nicht von mir aus gekommen, sondern wahrhaftig ist der, der mich gesandt hat . . .»* (Joh 7,28).

«Denn ich habe nicht von mir aus gesprochen, sondern der Vater, der mich gesandt hat, er hat mir den Auftrag gegeben, was ich sagen und verkünden soll» (Joh 12,49). Er bekennt seinen unabdingbaren Gehorsam: *«Ich tue allezeit, was ihm wohlgefällig ist»* (Joh 8,29).

«Der Sohn kann von sich aus nichts tun, außer was er den Vater tun sieht» (Joh 5,19).

Er erzählt von der Liebe des Vaters zu ihm: *«Der Vater liebt den Sohn und zeigt ihm alles, was er selbst tut»* (Joh 5,20).

Er erzählt von seiner Leidenschaft für den Vater: *«Meine Speise ist es, den Willen dessen zu tun, der mich gesandt hat und sein Werk zu vollenden»* (Joh 4,34).

Vom Morgen bis zum Abend seines irdischen Lebens ist ihm die Gegenwart des Vaters der eigentliche «Lebensraum».

Schon bei der Taufe im Jordan, kaum daß er aus dem Wasser gestiegen ist, sah er die Himmel sich öffnen und den Geist wie eine Taube auf sich herabschweben: *«Und eine Stimme erscholl aus den Himmeln: ‹Du bist mein geliebter Sohn, an dir habe ich mein Wohlgefallen›»* (Mk 1,11).

Und noch auf Kalvaria – *«Vater, in deine Hände empfehle ich meinen Geist!»* (Lk 23,46) – ist die Gegenwart des Vaters sein Beziehungspunkt, sein Innerstes, seine Kontemplation, sein Reden.

So oft geht er in der Nacht hinaus unter die Sterne, einzig um alleine zu sein mit dem Vater. So oft kommen ihm Worte inniger Vereinigung mit ihm über die Lippen: *«Ja, Vater, so war es wohlgefällig vor dir»* (Mt 11,26).

Er rühmt das Tun des Vaters: *«Ich preise dich, Vater, Herr des Himmels und der Erde, daß du dies vor Weisen und Klugen verborgen, Unmündigen aber geoffenbart hast»* (Mt 11,25). Er bekräftigt seine Sendung als Offenbarer und Zeuge des Vaters: *«Alles ist mir von meinem Vater übergeben. Und niemand kennt den Sohn als der Vater; und den Vater kennt niemand als nur der Sohn und wem der Sohn es offenbaren will»* (Mt 11,27).

Wenn wir in Jesus den Sohn des Vaters annehmen, kommen wir nicht umhin, auch gleichzeitig die sehr eigenständige Gegenwart des Vaters anzunehmen.

Das Evangelium bleibt dem völlig unverständlich, der den Dialog, die Beziehung zwischen Sohn und Vater daraus eliminieren will. Diese Beziehung ist Symbol und Modell aller Dialoge und Beziehungen zwischen uns und Gott.

Das Gebet, in dem Jesus beim Letzten Abendmahl, das er mit den Seinen hält, feierlich seine Sendung auf Erden zusammenfaßt, ist von solcher Klarheit, daß es keinen Zweifel daran läßt, daß Jesus, wenn er spricht, Gott selbst anredet:

«Dies redete Jesus, und er erhob seine Augen zum Himmel und sprach: ‹Vater, die Stunde ist gekommen. Verherrliche deinen Sohn, damit der Sohn dich verherrliche, wie du ihm Macht gegeben hast über alles Fleisch, damit er allen, die du ihm gegeben hast, ewiges Leben gebe. Das aber ist das ewige Leben, daß sie dich, den allein wahren Gott, erkennen und den du gesandt hast, Jesus Christus. Ich habe dich verherrlicht auf Erden, ich habe das Werk vollendet, das zu vollbringen du mir aufgetragen hast. Jetzt verherrliche du mich, Vater, bei dir selbst mit der Herrlichkeit, die ich bei dir hatte, ehe die Welt war›» (Joh 17,1–5).

Jesus ist der Offenbarer des Vaters und sein Zeuge. Er ist es, der alles über ihn weiß.

Er redet von ihm, als ob er ihn vor Augen hätte, ständig in Gemeinschaft mit ihm stünde. Er spricht von ihm als einem, mit dem er immer zusammengelebt hat, als einem, dessen Charakter, Geschmack, Handlungsweise und «Lebensstil» er genau kennt.

Das ist das Einmalige am Evangelium, darin liegt das Unersetzliche der Sendung Jesu unter uns.

Mittels eines Wortes lernen wir Gott selbst kennen, seinen genauen Willen, seine Sicht der Dinge, sein innerstes Verlangen, sein Antlitz.

Noch wunderbarer, ja, göttlicher ist, daß das Wort und die Handlungsweise Jesu zwar klar und deutlich sind, das Antlitz Gottes jedoch noch völlig vom Geheimnis umhüllt bleibt. Die Nacht der Transzendenz bleibt wie im Tempel des Alten Bundes. Und dir bleibt nichts anderes übrig, als aus dem Glauben zu leben und genauso wie früher aus Hoffnung, aus Liebe.

Jesus bringt also das Gleichgewicht der Beziehungen zwischen Geschöpf und Schöpfer nicht aus dem Lot. Es beruht darin, daß sich Gott in freier und ungeschuldeter Liebe schenkt, der Mensch seinerseits sich ganz hingibt.

Wenn uns also auch der Sohn im Evangelium die Photographie des Vaters vorlegt, bleibt dieser uns doch unkenntlich. Du siehst und siehst doch nicht, erkennst und doch noch nicht ganz. Du weißt und bist immer noch unwissend. Du kannst das Photo erkennen – aber auch nicht. Von dir selbst hängt es ab. Du selbst bist nämlich auch wie ein Photoapparat. Du kannst in dir alles festhalten, dir ein eigenes Photo machen: von dem, was du im Evangelium siehst, und dem, was du dort nicht siehst.

Du mußt nur wissen, daß es allein von der Kraft des Heiligen Geistes abhängt, ob durch deine Kamera das eine oder andere

Objekt in deiner Seele aufgenommen wird. Er allein kann den Film belichten, und zwar so gut, wie deine Intimität mit ihm ist.

Sagt mir bloß nicht, daß ihr nach einer noch so genauen Lektüre des Evangeliums beispielsweise über die Hölle etwas Genaues verstanden habt!

«Gott ist gut», sagt ihr. «Gott ist die Liebe», «ist Vater», «ist barmherzig». Und während ihr Herz und Mund mit süßen Worten vollnehmt, hört ihr das Gebrüll der Schrift: *«Schrecklich ist es, in die Hände des lebendigen Gottes zu fallen.»* Gerade Jesus ist es, der kurz vorher durch das Gleichnis vom verlorenen Sohn, in dem alles mit einem Fest endet, die Güte des Vaters herausgestellt hat. Auf der anderen Seite erzählt er uns ein etwas anderes Gleichnis, das vom reichen Prasser, in dem die Feiernden in der Hölle landen.

Versucht einmal, ob ihr die folgenden beiden Worte aus dem Evangelium in Einklang bringt!

«Vielmehr liebet eure Feinde, tut Gutes und leihet, ohne etwas zurückzuerwarten, und euer Lohn wird groß sein, und ihr werdet Söhne des Höchsten sein, denn er ist gütig gegen die Undankbaren und Bösen» (Lk 6,35), und

«Hinweg von mir, Verfluchte, in das ewige Feuer, das dem Teufel und seinen Engeln bereitet ist» (Mt 25,41).

Nein, es gelingt euch wirklich nicht.

Daher ist es gefährlich und kindisch, sich zu einfache Vorstellungen vom Denken Gottes zu machen und über ihn Urteile am laufenden Band zu fällen.

Seht, was geschehen ist:

Zwanzig Jahrhunderte haben die Menschen des Evangeliums betrachtet und gelesen. Trotzdem bleiben sie bei jeder neuen Situation und jeder Wende der Geschichte stehen. Denn immer wieder ist ihnen dasselbe Evangelium nur ein verschlossenes Buch, das zu den neuen Situationen nur Rätsel von sich gibt.

Das Evangelium liegt in den Händen des Menschen, völlig undurchsichtig, völliges Neuland, das er zu reinigen hat vom Überbau vergangener Zivilisationen und Ideologien, in die es von den früheren Christen verwickelt wurde.

Und dann werden selbst die wesentlichsten und allgemeinsten Dinge in Frage gestellt: Übernatur oder Politik? Vertikalität oder Horizontalität? Immanenz oder Transzendenz? Menschliche oder eschatologische Revolution?

Ist man nicht sehr auf der Hut, dann befindet man sich, ohne es zu wollen, sehr schnell auf Holzwegen, wo man entweder wie resignierende Engel lebt, die sich in einen hypothetischen, spiritualistischen Himmel zurückgezogen haben, oder wo man in den Irrtum zurückfällt, die Botschaft Jesu in einer neuen Kultur und in einer neuen Ideologie wieder aufleben zu lassen, die von Anfang an zum Scheitern verurteilt sind, weil sie unfähig sind, das Denken Gottes auszudrücken, und den Christen, die nach uns kommen werden, doch nur das Leben schwer machen.

Es ist wirklich nicht leicht, in der Botschaft Jesu zu leben. Nicht einmal für die Kirche ist es leicht, obwohl sie doch die Braut Christi ist und die Macht hat, sich über die Dinge der Welt zu äußern. Ständig riskiert sie – in ihren Menschen natürlich –, Dinge zu sagen, die ein- für allemal vorüber sind und nichts mehr nützen. Oder, noch mehr, sie schweigt, wenn sie reden sollte.

Auch im Evangelium Jesu bleibt Gott das Geheimnis. Das Antlitz des Vaters, das Jesus uns hier auf Erden enthüllen wollte, bleibt das Antlitz des Unbekannten. Vergessen wir das nie!

Einen Weg gibt es freilich, einzudringen in jenes Unerkennbare, es von innen heraus zu erkennen und zu lesen: Es ist der Weg der Liebe.

Wer ins Revier der Liebe eindringt, wer geleitet ist von Liebe, gelangt zur Erkenntnis des Vaters: *«Wer liebt, hat das ewige Leben.»* Ewiges Leben aber ist Erkenntnis Gottes.

Jesus hat in der Tat so begonnen, uns von Liebe zu reden, uns in sein Revier einzuführen, uns das harte «Handwerk» der Liebe beizubringen. Er hat dem Vater ständig die Rolle dessen aufgetragen, der lieben kann.

Und er vermag ganz anders zu lieben als wir Sünder und Heiden.

«Aber euch, die ihr hört, sage ich: Liebet eure Feinde, tut Gutes denen, die euch hassen. Segnet, die euch fluchen, und betet für die, welche euch verleugnen.

Wer dich auf die Wange schlägt, dem halte auch die andere hin, und dem, der dir den Mantel nimmt, verweigere auch den Rock nicht.

Jedem, der dich bittet, gib; und von dem, der dir das Deine nimmt, fordere es nicht zurück.

Und wie ihr wollt, daß euch die Leute tun, so sollt auch ihr ihnen tun.

Wenn ihr die liebt, die euch lieben, welchen Dank habt ihr da? Denn auch die Sünder lieben die, von denen sie geliebt werden. Wenn ihr denen Gutes tut, die euch Gutes tun, welchen Dank habt ihr da? Denn auch die Sünder tun das. Wenn ihr denen leiht, von denen ihr es wieder zu erhalten hofft, welchen Dank habt ihr da? Denn auch die Sünder leihen Sündern, um das gleiche zurückzuerhalten» (Lk 6,27-34).

Es ist schwer, einen Text wie diesen von Lukas zu finden, in dem er den Gegensatz zwischen unserem – eigennützigen – Lieben und Gottes – uneigennützigem – Lieben so deutlich herausstellt.

Das Lieben «ohne Gegenleistung» spricht Christus nur dem Vater zu.

Er sagt:

«Vielmehr liebet eure Feinde, tut Gutes und leihet, ohne etwas zurückzuerwarten, und euer Lohn wird groß sein, denn er ist gütig gegen die Undankbaren und Bösen. Seid barmherzig, wie euer Vater barmherzig ist» (Lk 6,35–36).

Wie, auf welche Weise ist der Vater barmherzig?

Wie kann ich an dem, was Jesus im Evangelium sagt, die Antwort finden?

Ich lese das Gleichnis vom verlorenen Sohn und bin völlig einverstanden mit der Barmherzigkeit des Vaters. Auch ich würde einem Sohn oder einer Tochter, die mir weggelaufen sind, alles vergeben, wenn sie nur wieder heimkommen.

Ich lese das Gleichnis von dem, der einem Freund die Schuld von 10 000 Talenten (das sind Millionen!) nachgelassen hat.

Das zu akzeptieren ist schwer für einen Menschen, der an Sparsamkeit gewöhnt ist. Aber nun ja, wenn mein Schuldner eben nicht zahlen kann und gar noch mit seinen Anwälten auftaucht: Es sei ihm die Schuld nachgelassen!

Die wahren Schwierigkeiten fangen erst ein Stückchen weiter an, dort wo Arme und Unschuldige betroffen sind – wenn ich mich gehen lasse und die anderen bloßstelle.

Ist Gott auch barmherzig mit den Folterern?

Mit den Kapitalisten? Mit den Ausbeutern der Armen, mit denen, die Millionen Kinder verhungern lassen? Mit den Kanonenhändlern, die bewußt Konflikte provozieren, Kriege erklären, Nachrichten fälschen, nur damit sie noch mehr verkaufen können?

Ist Gott auch barmherzig mit den Diktatoren, die ihre Gewalt so schrecklich mißbrauchen, die fähig sind, alles bloßzustellen und in den Gefängnissen die Freiheit – eine Gabe Gottes – ersticken?

Ist er barmherzig mit den Rassisten, die die Menschen nach ihrer Hautfarbe sortieren, sich ihrer Kräfte bedienen und das schwere Verbrechen begehen, sich zu Göttern zu machen?

Was antwortet Jesus darauf?

Nichts. Er schweigt.

Er weiß, daß er sich vor einer Situation befindet, in der der Vater, wenn die Dinge so bleiben, wie sie sind, die Armen und Hilflosen schützt und verteidigt und die Schuldigen mit den Worten bei Matthäus verdammen wird:

«Hinweg von mir, Verfluchte, ins ewige Feuer ...; denn ich war hungrig, und ihr gabt mir nichts zu essen» (Mt 25, 41–42). Man darf nicht mit dem Armen scherzen. Der Vater wird ihn verteidigen.

Aber warum schweigt Jesus?

Warum bietet das Evangelium keine erschöpfenden Antworten auf die Probleme, die die Menschen bedrücken? Jesus kennt doch den Vater. Warum sagt er uns nicht, wie er alle Genannten behandeln wird?

In welcher Schwierigkeit befindet sich die Liebe in bestimmten Augenblicken!

Wie soll man es machen, den Folterer, den Kapitalisten, den Rassisten und den Waffenhändler noch zu lieben?

Also: Wenn die Liebe unbesiegbar ist und den Menschen betrifft, diesen armen Menschen, der sündigt, und zwar auf so schreckliche Weise, dann muß er auch einen Ausweg finden.

Und wenn es die Liebe eines Gottes selbst ist, wie sollte er sie nicht finden?

So wird er sie finden:

Im Schweigen wird er alle Prüfungen auf sich nehmen. Er wird das Opfer sein von allen Gewalttätigkeiten, von allen Verleumdungen, von allen Machenschaften dieser Welt.

Er wird die Prüfung auf sich nehmen, eingekerkert zu sein, gequält, verspottet, verkauft, verdammt zu sein.

Wenn er durch sein Leiden am Kreuz dies alles selbst durchgetragen hat, kennt er den Grad der Liebe, mit der der Vater fähig ist, uns zu lieben, und kennt die Tragik, verdammt zu sein, der der Mensch sich ausgesetzt hat. Er wird seine Meinung sagen über die Gerechtigkeit, die selbst von den Steinen des Kalvarienberges herabgerufen wird. Würde er von der ganzen Geschichte gefragt, wie man in diesem Augenblick vorgehen solle, er gäbe die außergewöhnlichste Antwort der Liebe und würde auf den Menschen das geistliche Leiden als Milderungsgrund herabrufen:

«Vater, vergib ihnen, denn sie wissen nicht, was sie tun» (Lk 23,34).

Ich darf nur hoffen, daß die Liebe des Vaters mich in diesem Augenblick retten möge und angesichts meiner Bösartigkeit und meiner so bodenlosen Hartherzigkeit zu den Armen in der ganzen Welt meine geistlichen Leiden als Milderungsgrund anrechnet.

KAPITEL NEUN

«Er sah den Geist Gottes
herabschweben, wie eine Taube!»
(Mt 3,16)

Noch eine dritte Person neben dem Vater und dem Sohn wirkt
in uns:

Der Heilige Geist.

Von seinem Leben berichtet uns Christus:

«Das habe ich zu euch geredet, während ich unter euch
weilte. Der Helfer aber, der Heilige Geist, den der Vater in
meinem Namen senden wird, der wird euch alles lehren und
auch an alles erinnern, was ich euch gesagt habe»
(Joh 14,25–26).

Wenn Jesus vom Heiligen Geist redet, scheint er uns eine
noch erfülltere, eine noch außergewöhnlichere Zeit ankündigen
zu wollen.

«Noch vieles habe ich euch zu sagen; aber ihr könnt es jetzt
noch nicht tragen. Wenn jener aber kommt, der Geist der
Wahrheit, wird er euch zur vollen Wahrheit führen»
(Joh 16,12–13).

Ohne diese dritte göttliche Person kommen wir also nicht
vorwärts, erreicht die von Jesus geoffenbarte Wahrheit nicht

ihre Fülle. Ohne sie könnten wir diese Wahrheit nicht einmal jetzt erkennen. Ohne den Heiligen Geist würde also etwas fehlen ...

Dieser Geist, der kommen soll, den der Vater im Namen Jesu senden wird – wirkt nie allein: «... *er wird nicht von sich aus reden, sondern er wird reden, was er hört, und das Zukünftige wird er euch verkünden»* (Joh 16,13).

Seltsam ist das nur für den, der nicht versteht. Selbstverständlich ist das für den, der begriffen hat, daß auch Jesus während seines Lebens sich ständig auf den Vater bezogen hat. *«Was ich also rede, rede ich so, wie der Vater es mir gesagt hat»* (Joh 12,50).

Nur in der Intimität seines letzten Beisammenseins mit den Menschen, in der schweren Stunde des Abschieds von seiner menschlichen Existenz – ganz auf das Jenseits harrend – bezieht er sich auf den Geist und redet von ihm.

Auch hier bezeugt er unmißverständlich, daß der Geist *«nicht von sich aus reden wird»* (Joh 16,13).

Hier ist der Bezug klar auf das Zusammensein der drei göttlichen Personen gebracht, welchen die Theologen Dreifaltigkeit nennen, den unmittelbaren Einbruch des Geistes in das innerste Leben Gottes.

Denn die Dreifaltigkeit ist das Leben Gottes, und nur die Liebe kann es uns offenbaren.

Jesus hat gesagt: *«Ihr könnt es noch nicht tragen»* (Joh 16,12).

Wie sollte man auch das innerste Leben Gottes verstehen ohne besondere persönliche Offenbarung von ihm zu uns.

Mit den Aposteln stehen wir nun vor einer neuen Epoche.

Die Offenbarung der Dreifaltigkeit durch Christus ist Beginn der endgültigen Erneuerung der Welt.

Das trinitarische Geheimnis Gottes erfassen, heißt zugleich der göttlichen Familie beitreten, in das Allerheiligste der Wohnung des Absoluten, in das Leben Gottes selbst einzudringen. Dazu befähigt uns die Liebe.

Der Heilige Geist ist Liebe und öffnet uns die Tür, läßt uns das innerste Leben Gottes schauen.

Nur durch die Liebe Gottes in mir, die mir die Gnade Jesu Christi vermittelt, kann ich die Dinge erkennen, die *droben* sind. Diese Liebe ist der Heilige Geist.

Der Geist ist Kommunikation zwischen Sohn und Vater, zwischen uns und Gott.

Verlangt von mir bitte nicht, daß ich auf menschliche Weise begreife: das kann ich nicht! Mir genügt die Kontemplation, die mir vom Geist, von der Liebe zuteil wird.

Um uns die Einheit und Dreifaltigkeit Gottes zu erklären, genügt weder der Katechismus noch die Theologie, noch die Definition.

Es braucht die liebende Kommunikation.

Deshalb traue ich keinem Theologen, der nicht betet, der nicht in demütiger Verbindung zu Gott steht, ebensowenig wie ich daran glaube, daß es auf dieser Welt einen Weg gibt, um eine authentische Erkenntnis Gottes zu vermitteln.

Nur Gott selbst kann von sich reden, nur der Heilige Geist kann es uns mitteilen.

Wenn es eine Krise in der Kirche von heute gibt, dann ist sie im Kern eine Krise der Kontemplation.

Sie möchte von Gott reden, obwohl sie ihn aus den Augen verloren hat, ja, obwohl sie seine Umarmung nicht mehr kennt. Sie trachtet nach anderen und anderem.

Die Offenbarung eines dreifaltigen Gottes in der Einheit einer einzigen Natur, die Offenbarung eines Heiligen Geistes in uns – steht außer Reichweite der menschlichen Vernunft. Es handelt sich um eine persönliche Kommunikation, die nur Gott geben kann. Der Heilige Geist ist dazu beauftragt, denn er selbst ist die Liebe, die Vater und Sohn eint.

Der Heilige Geist ist die Fülle und Freude Gottes.

Es ist sehr schwer, von diesen Dingen zu reden. Wir müssen stammeln wie die Kinder. Und immer wieder müssen wir beten: Heiliger Geist, offenbare dich mir, deinem Kind.

Wir können die Erkenntnis nicht verlangen, denn sie ist kein Produkt unserer Gehirnzellen.

Erst wenn wir wirklich zu beten vermögen, an der Grenze aller unserer Erkenntnis, in der Seligkeit bejahter Armut, rufen wir die Ankunft Gottes an: «*Komm, Schöpfer Geist!*»

Gott ist kein Einzelgänger, er ist nicht allein – er ist Trinität.

Er ist Liebe, deshalb ist er Dreifaltigkeit. Der Vater ist Leben und Ursprung allen Seins. Der Sohn ist Abbild des Vaters und Licht. Der Heilige Geist ist Liebe, die beide eint.

Gott ist Liebe und daher Kommunikation.

Bei der Taufe Jesu wird dieses Geheimnis von den Evangelisten in ihrem Bericht so veranschaulicht:

«*Als aber Jesus getauft war, stieg er sogleich aus dem Wasser, und siehe, die Himmel taten sich auf, und er sah den Geist Gottes herabschweben wie eine Taube und auf ihn kommen.*

Und siehe eine Stimme aus den Himmeln sprach: ‹Dieser ist mein geliebter Sohn, an dem ich Wohlgefallen habe›» (Mt 3,16–17).

Hier wird also vom Vater, von Jesus und von jener dritten Person, vom Geist gesprochen. Und so wie Jesus sich voll Opferbereitschaft mit dem Lamm vergleicht, so ist hier die Gestalt des Heiligen Geistes die Taube.

Der Heilige Geist ist der Gott, der sich uns mitteilt, von seinem innersten Wesen redet.

Und er sagt uns: Wir sind drei und doch eins.

Vor solcher Offenbarung, wäre es richtig gewesen, mit Jesu oder mit dem Vater allein zu reden.

Nun geht das nicht mehr.

Mit der Ankunft des Heiligen Geistes, der Fülle der Offenbarung, müssen wir bei einer Person zwei weitere mitdenken.

Mit der Ankunft des Geistes werdet ihr immer wieder in die Einheit Gottes hineingeführt.

Liebe ist nie allein. Nach der Offenbarung der Liebe dürft ihr weder Gott noch euch allein sehen.

Auch bei seiner Kreuzigung müßt ihr Jesus vom Heiligen Geist und vom Vater begleitet sehen.

Wo Jesus ist, ist auch der Vater. Wer den Vater sieht, sieht Jesus. Wer den Vater und den Sohn sieht, sieht auch den Heiligen Geist.

Es wird euch nicht mehr gelingen, zu einer der göttlichen Personen zu beten, ohne auch die Gegenwart der anderen zu erfahren.

Ständige Dialektik durch das Feuer dreifaltiger Liebe, die in die unerschöpfliche Dynamik der Einheit führt.

So ist menschliche Liebe von der göttlichen so weit entfernt wie Himmel und Erde, wie unser Lieben und das Lieben Christi voneinander entfernt sind.

Es ist einfach entmutigend zuzuhören, wenn Christen von der Liebe wie die Heiden reden, genauso, wenn sie aus dem Evangelium irgendeine herkömmliche Botschaft machen.

Noch entmutigender ist es, christliche Verheißung zum sozialen Fortschritt, zur Entwicklung der Völker allein herabzuwürdigen. Das sind selbstverständliche, grundsätzliche Dinge. Aber um das Wesen des Christentums handelt es sich dabei nicht.

Alle Religionen predigen, mehr oder minder, Liebe.

Auch ein Atheist kann ein Beispiel von Liebe geben.

Dabei handelt es sich aber nicht um die Liebe, die Christus auf die Erde gebracht hat, jene Liebe, an denen man die Jünger Christi «erkennen» kann und soll (Joh 13,35).

Diese Liebe ist mehr als Zuneigung, sie ist die Liebe als göttliche Tugend, sie ist «caritas», sie ist Christi Liebe für die Menschen und für die Welt, die er damals vorlebte und von denen nachgelebt wird, die ihm verbunden sind in Glaube und Hoffnung.

Die dreifaltige Liebe Gottes, die im Herzen derer wohnt, die an Christus glauben, ist das «Eigentliche», das «Spezifische» des Christen, sie kennzeichnet sein Tun und ist die Seele jeder Form seiner Liebe.

Der vom Vater im Namen Jesu gesandte Heilige Geist senkt uns die Fülle des göttlichen Lebens ins Mark. Sie ist nicht nur Gegenwart Gottes in uns, sondern die dynamische Art und Weise seines Liebens. Dieses «typische Verhalten» Gottes hat uns Jesus geoffenbart: *«Denn ich habe euch ein Beispiel gegeben − liebet einander, wie ich euch geliebt habe»* (Joh 13,15.34).

Jesus hat nicht geliebt wie ein Mensch, sondern wie Gott.

Er hat geliebt mit der dreifaltigen Liebe Gottes.

Diese ist die neue Form der Liebe, die dem Menschen nahegebracht wird. Leben läßt sie sich nur, wenn die Dreifaltigkeit in uns lebt. Deshalb ist der Christ «bewohnt», bewohnt von der Dreifaltigkeit.

«Wenn einer mich liebt, wird er mein Wort bewahren, und mein Vater wird ihn lieben, und wir werden zu ihm kommen und Wohnung bei ihm nehmen» (Joh 14,23).

Zweiter Teil

In der Fülle der Zeiten tritt Gott in die Wirklichkeit
des Menschen ein.
Mit der Herabkunft des Heiligen Geistes an Pfingsten
wird der Mensch *«von Gott bewohnt»*.
Von nun an lebt der Mensch in der Dynamik der Geschichte
den Bund mit Gott.
An der Grenze des Irdischen erwartet er seine letzte
Ankunft, die jenseits jeder Grenze stattfindet.

KAPITEL EINS

« Wir werden zu ihm kommen
und Wohnung bei ihm nehmen »
(Joh 14,23).

Ich bin nicht allein.

Jemand wohnt in mir.

Hinter meinem begrenzten Dasein als Mensch lebt Gottes Gegenwart, die Gegenwart eines Sohnes, der kein Einzelgänger ist, sondern Trinität, Liebe.

Eines Gottes, der Vater, Sohn und Geist ist.

Eines Gottes, den die Liebe eins macht.

Eines Gottes, dessen Liebe mich befähigt eins mit ihm zu sein: *«Daß alle eins seien wie du, Vater, in mir und ich in dir, daß sie in uns eins seien . . .»* (Joh 17,21).

Der schönste, entscheidendste und wichtigste Augenblick für einen Menschen ist zweifellos der, in dem er erkennt, in dem ihm bewußt wird, daß er diese Wirklichkeit «lebt».

Wenn Gott sich in seiner Natur als Einheit und in seiner Dynamik als Dreifaltigkeit offenbart, wird es im Herzen Pfingsten.

Die Seele wird in Brand gesetzt und von Licht und Leben durchtränkt.

Der Mensch überschreitet seine eigene Grenze, verläßt seine irdische Heimat, um sie gegen eine neue, die Heimat Gottes, einzutauschen.

Er erreicht zum ersten Mal den eigentlichen Horizont seines Christseins und wird sich der Natur des Reiches Gottes bewußt.

Seine erste Wahrnehmung ist die Überlegenheit seiner Entdeckung gegenüber jedem anderen Wert. So kommt ganz realistisch und authentisch seine Entscheidung: alles zu verkaufen, um *«jenen Acker»* zu erwerben (vgl. Mt 13,44), *«jene Perle»* (Mt 13,45–46).

Eine freudige, dynamische, nie erlebte Sicherheit vertreibt die Furcht, wie Nahrung den Hunger. Die Worte Jesu werden verständlich: *«Fürchte dich nicht, du kleine Herde, denn es hat eurem Vater gefallen, euch das Reich zu geben»* (Lk 12,32).

Hier erfährt er zum ersten Mal, was es bedeutet, nichts mehr zu brauchen, daß Gott ganz genügt. *«An jenem Tage werdet ihr mich nichts mehr fragen»* (Joh 16,23).

Du brauchst wirklich nichts mehr zu fragen, wenn Gott in der Mitte deines Wesens lebt, wenn du betrachten kannst, wie er liebt, wenn er dich einführt in diese «Art des Liebens».

Worum solltest du noch bitten, wenn du in dir alles besitzt?

Etwas anderes kommt noch hinzu:

In dem Augenblick, in dem du die Gegenwart des dreifaltigen Gottes in dir erfährst, und entdeckst, erfährst und entdeckst du auch die Einheit deines Menschseins.

Du brauchst nicht mehr zu fragen: «Wer bin ich?»

Du weißt es, siehst es, lebst es.

Du findest Gott in dir und hast damit dich selbst gefunden.

Du weißt jetzt, wer du bist! Du brauchst andere nicht mehr zu fragen.

Denn es gibt nicht viele Geheimnisse, es gibt nur eines: das, des einen und dreifaltigen Gottes. Hast du es entdeckt, hast du alles enthüllt und weißt alles.

Die Worte Jesu sind für dich Wirklichkeit geworden: *»Ihr werdet mich nichts mehr fragen.«*

Diese Fülle kann man schon auf Erden leben, kann sie leben in der Betrachtung des einen und dreifaltigen Gottes, in der Betrachtung der Art und Weise, wie er sich liebt und uns in ihm.

Daraus wird dir Frieden zuteil. Dieser reiche, göttliche Friede, den Jesus verheißen hat: *«Meinen Frieden gebe ich euch.»*

Er spendet uns Trost, da wir noch fern von ihm leben und ihm doch ganz nahe sind: er ist ja in uns.

Darin liegt das Geheimnisvolle: Gott ist schon gekommen, und trotzdem kommt er noch. Das Reich wird anbrechen, das doch schon in uns ist.

Dies ist die Dynamik der Dreifaltigkeit, die Dynamik der Liebe, also eine unerschöpfliche.

Du liebst, wirst aber noch mehr lieben, du bist angekommen, aber mußt immer noch weiter.

Diese Bewegung wird nicht einmal im Paradies zu Ende gehen, denn die Liebe Gottes wird in dir ins Unendliche wachsen.

Gott ist schon gekommen, und er wird noch kommen. Gott ist schon in mir, aber noch erwarte ich ihn im Dunkel des Glaubens, in der Spannung der Hoffnung, in der Hingabe der Liebe.

Merkwürdig erscheint das nur dem, der die Dynamik Gottes nicht kennt. Nichts ist wahrer als diese Weise des Vorgehens Gottes.

Gott ist bei der Erschaffung des Lichts gekommen, mehr aber noch bei der Erschaffung Adams.

Er ist in Jakob gekommen, mehr aber noch in Elias.

Gekommen ist er in Abraham, mehr aber noch in Paulus.

Der kommende Gott schreitet mit der Zeit und der Geschichte fort, wird Raum in der Geographie des Kosmos.

In der Materie kannst du seine Gegenwart erahnen, unendlich näher aber bist du ihm im eucharistischen Brot.

Alles strebt zu auf die Vergöttlichung des Menschen und auf die Wandlung hin zur Kindschaft Gottes.

Gott ist im Keim, im Prozeß der Entwicklung, in der Vollendung.

Deshalb ist er schon gekommen, kommt immer, wird kommen. Daher ist das Warten unsere ureigenste Haltung.

Beten heißt warten auf den, der kommt.

Leben heißt, den aufnehmen, der schon gekommen ist, Sterben meint, auf den hoffen, der da kommen wird.

Wenn er dann zum letzten Mal in unserer Geschichte kommt, ist es Apokalypse, die Zeit der absoluten Vollendung, des nie endenden Besitzens.

Der neue Himmel und die neue Erde sind die prophetische Kunde einer messianischen Zeit der Fülle und der Freude und des Besitzes Gottes, sind das Endziel für den alten Himmel und für unsere alte Erde. Sie sind alt, weil Gott von ihnen wegen unseres Widerstandes keinen Besitz nehmen kann – obschon er immer danach sucht.

KAPITEL ZWEI

> *«Ich öffnete meinem Geliebten,*
> *doch mein Geliebter war weg, war entschwunden»*
> (Hl 5,6).

Wenn ich Gott gefunden habe, wenn ich ihn verspürt habe im Innersten meines Seins, wenn ich auch nur eine Stunde im Feuer des dreifaltigen und einen Gottes gelebt habe, dann kann ich ganz bewußt sagen: Jetzt habe ich verstanden. Du genügst mir.

Die schönsten Worte aus dem Hohenlied werden dann Wahrheit für mich. Wir sagen zu Gott die gleichen Worte, die der Mensch als Liebender zum Geliebten sagt:

> *«Daß er mit seines Mundes Küssen mich küßte!*
> *Ja, köstlicher als Wein sind deine Liebkosungen.*
> *Deine Öle sind köstlich an Duft;*
> *wie ausgegossenes Öl ist dein Name!»*
> (Hl 1,1–2).

> *Denn meine Seele liebt, du, sage mir, wo du weidest,*
> *wo du mit der Herde lagerst zur Mittagszeit.*
> *Warum soll ich eine sein, die herumirrt*
> *bei den Herden deiner Genossen?* (Hl 1,7).

«Horch! Mein Geliebter!
Sieh da, er kommt,
Springend über die Berge,
hüpfend über die Hügel!
Mein Geliebter gleicht der Gazelle
oder dem Junghirsch.
Sieh da, nun steht er
hinter unserer Hauswand.
Er schaut zum Fenster herein,
er lugt durch das Gitter.
Dann grüßt mein Geliebter und sagt zu mir:
‹Mach auf, meine Freundin, meine Schönste,
so komm doch!›»

(Hl 2,8–9)

Wir verstehen dann die Dimensionen des Paradieses, erkennen, wie die Dinge wirklich sind und wie Gott ist.

Aber wir verstehen auch, daß die Dinge so nicht weitergehen können, daß das Wunder jener Stunde mit harter Hingabe erwidert werden muß.

Vielleicht wäre es sonst zu schön!

Vielleicht kämst du vor lauter Betrachten nicht mehr zum Handeln.

Vielleicht begänne das Paradies zu früh, ohne den langen notwendigen Weg, der bis zur vollen Reife der Liebe nötig ist.

Das alles – und viele andere Dinge noch – trifft zu.

Etwas scheint mir noch wahrer zu sein, ich habe es erst viel später begriffen:

Gott liegt unendlich viel an deinem Freisein in der Liebe zu ihm.

Vielleicht hat er Angst, eine Vernunftehe einzugehen.

Er weiß genau, daß die Größe und Fülle seiner Gaben dich ersticken können.

Eine Ehe zwischen so verschiedenen Partnern ist schwer.

Er schenkt dir sein Alles, während du ihm nur dein Nichts schenken kannst.

Wie soll solcher Abstand überbrückt werden?

Wie kann er sicher sein, daß du ihn nicht nur aus Interesse suchst, daß du nur deshalb zu ihm gehst, weil du niemand anderen gefunden hast?

Diese Liebe wäre einfach.

Wenn die Schrift sagt, Gott sei ein eifersüchtiger Gott, dann stimmt das.

Doch Gottes Eifersucht ist nicht wie unsere. Er ist eifersüchtig, weil er fürchtet, statt ihn selbst, würdest du vielleicht nur seinen Reichtum lieben, die Freude, die er schenkt, den Frieden, den er bringt, die Wahrheit, die er dir zukommen läßt.

Das ist die harte Tragik der Liebe Gottes. Bevor Gott dich ganz annimmt, bevor du ihn besitzt, zermalmt er dich. Besser gesagt: in seinem Auftrag zermalmt dich die Geschichte selbst.

«Ich schlief, doch mein Herz war wach.
Horch, mein Geliebter pocht:
‹Tu mir auf, meine Schwester, meine Freundin,
meine Taube, meine Makellose!
Denn voll von Tau ist mein Haupt,
von Tropfen der Nacht meine Locken.›
Ich habe mein Kleid schon ausgezogen,
was, sollt' ich es wieder anlegen?
Ich habe mir bereits die Füße gewaschen,
was, sollt' ich sie schmutzig machen?
Mein Geliebter streckte die Hand durch die Öffnung;
da bebte mir seinetwegen das Innerste.
Ich erhob mich, meinem Geliebten zu öffnen,
meine Hände tropften von Myrrhe, meine Finger von Myrrhe,
die über die Griffe des Riegels rann.

Ich öffnete meinem Geliebten,
doch mein Geliebter war weg,
war entschwunden»

(Hl 5,2–6)

So ist Er!
Wenn du glaubst, sein zu sein, ist er weit weg.

«Ich geriet außer mir wegen seiner Flucht.
Ich suchte ihn, doch ich fand ihn nicht;
ich rief nach ihm, doch er gab mir nicht Antwort.
Die Wächter trafen mich auf ihrer Runde durch die Stadt,
sie schlugen mich, verwundeten mich.
Meinen Überwurf rissen sie mir weg,
die Wächter der Mauern.
Ich beschwöre euch, Jerusalems Töchter,
wenn ihr meinen Geliebten trefft,
was sollt ihr ihm melden?
Daß ich krank bin von Liebe!»

(Hl 5,6–8).

Immer habe ich mich gefragt, warum Gott so handelt.
Warum schweigt er so lange?
Warum ist Glauben so hart?
Wenn er doch alles kann, warum offenbart er sich dem Menschen nicht auf einfachere Art und Weise?

Es würde ihn doch nicht viel kosten, auf die Straßen zu gehen, wo die Leute schreien: «Gott existiert nicht!» – sie zu schlagen und selbst zu rufen: «Ich bin da!» Wie leicht wäre es für ihn, die Türme ihrer Gottlosigkeit zu zertrümmern und ihnen die Steine als Andenken zu schenken.

Stattdessen tut er sozusagen alles, um keinen Laut hören zu lassen, er läßt mich in grenzenloser Einsamkeit, daß auch in mir der Gedanke wächst, es wäre doch besser, den Dingen dieser Erde nachzugehen.

Gibt es nicht Menschen genug, die sich angesichts seines Schweigens einfach nicht überzeugen lassen, daß er existiert? Gibt es nicht viele, die daran Anstoß nehmen, wie er die Dinge lenkt?

Wenn Gott existiert, warum das Böse in dieser Welt, wenn er die Liebe ist, warum die Schmerzen, wenn er der Vater ist, warum der Tod?

Wenn ich doch anklopfe, immer und immer wieder anklopfe, warum tut er nicht auf?

So und ähnlich habe ich früher gedacht, als ich in seiner Schule noch Abc-Schütze war.

Dann aber bin ich weiter gegangen und habe mich von den Anfangsschwierigkeiten nicht beeindrucken lassen, habe vor seiner Tür mit der eisernen Entschlossenheit eines Streikenden ausgeharrt und habe an die Wahrheit und Unerbittlichkeit des Evangeliums geglaubt. Allmählich ist mir aufgegangen, wie die Dinge sind, wie er sich verhält, habe gelernt, seinen leisen Schritt wahrzunehmen.

Ich habe mich nicht mehr verwundert, daß er mich behandelt wie die Braut im Hohenlied, daß er weg ist, wenn ich die Tür öffne.

Ihm steht es zu zu öffnen, nicht mir, der ich immer zu vorschnell bin.

Die Sünde ist die Eile Adams, und meine Gier nach Besitz ist stärker als meine Liebe zu ihm.

Ach, die Angst vor jenem «Warte!», die furchtbare Leere seiner Abwesenheit.

Ganz langsam geht dir dann auf, wie sehr er gerade in dieser Leere, in dieser Abwesenheit zugegen war.

Er war immer schon da, um mein Verlangen nach ihm immer noch zu steigern. So mußte mein Glaube sich läutern. So mußte ich ihm immer wieder sagen, daß ich ihn nur aus Liebe suche.

Wie sehnte ich mich nach seinem Licht und nach seiner Wahrheit – er offenbarte sich als Finsternis.

Nie habe ich so deutlich den Sinn der Wolke begriffen, die das Volk in der Wüste leitete.

Willst du Gott umarmen, willst du ins gelobte Land gelangen, dann mußt du bis zuletzt den Skandal bejahen, daß du nicht verstehen kannst.

Liebe ist immer etwas Unvernünftiges, immer ein Stück Torheit, immer ein Geheimnis.

Christus wurde, bevor er die letzte Tat der Liebe vollendete, mit Narrenkleidern angetan.

Mir, der ich ihn besitzen will, zeigt er sich in den frühen, kalten Morgenstunden der Wüste als Gefühllosigkeit.

«Bevor du mich umarmst, verlange ich den Beweis deiner Treue.

In der Gier deiner Liebe ist so viel Egoismus.

Du glaubst mich zu lieben – doch du liebst nur dich selbst.

Du mußt dir sehr viel Mühe geben, wenn du von dir selber frei sein willst.

Warte auf mich, jeden Morgen – jeden Abend – dein ganzes Leben lang.

Ich werde da sein, und du wirst es nicht bemerken, ich werde dich umarmen, und du wirst es nicht spüren.

Nur so kann ich erkennen, ob du Gott liebst, weil er Gott ist, oder weil er deine Probleme lösen und dich aus deiner Einsamkeit befreien soll.

Ich möchte, daß du mich liebst, weil ich Liebe bin, nicht weil ich dir gefalle.»

Liebe ist nicht Macht, nicht Besitz, nicht Ruhe.

Langsam ging mir auf, was nackter Glaube heißt, was Hoffnung ohne Erinnerung und Liebe ohne Lust ist!

Ich verstand, warum Gott nicht auf unsere Launen und Gefühle reagiert, warum er uns durch Schmerz und Tod läutert.

Er will mich an seine Eifersucht gewöhnen, er will mich vertraut machen mit dem Gedanken, daß Sünde für ihn Verrat ist und nicht nur Gesetzesübertretung, daß Sünde Untreue ist, Unreife, schlechter Geschmack, nicht Ursache zur Verdammnis.

Liebe Brüder, laßt es euch ganz klar sagen, versucht nicht, Gott zu bestechen. Es wird euch niemals gelingen, nicht einmal durch eure Tränen, durch eure Versprechungen.

Gott in seiner Liebe ist unbestechlich und unerbittlich wie der Tod. Er kann warten, warten bis zum letzten Tag.

Deshalb braucht man Geduld.

Niemanden wurde noch die Gottesschau nach einigen Minuten der Sammlung geschenkt.

Sucht im Gebet nicht das schöne Gefühl, jagt nicht nach Gott als nach der größten Errungenschaft eures Lebens, verlangt nicht nach ihm als dem letzten Geliebten eures Alters.

Nehmen wir den Glauben so nackt, wie er ist. Warten wir unser ganzes Leben lang auf Gott, der immer kommt, aber nicht auf unsere Neugierde hin, sondern allein wegen unserer Demut und Treue.

Nehmen wir die Hoffnung an: Diese seine Spur hat uns Gott unauslöschbar in die Seele gesenkt, wie eine heimliche Sehnsucht nach ihm. Nehmen wir die Liebe an: Es ist die Liebe, mit der Gott liebte, als er seinen Sohn allein ließ in seinen Qualen – zu unserem Heil.

Der von Gott verlassene Jesus ist das Urmodell des höchsten Liebesbeweises und die stärkste Kraft im Augenblick der letzten Einsamkeit.

Mir fällt eine Geschichte ein, die vielleicht wahr ist:

Ein junges Paar, schön, gesund, mit gleicher Lebensauffassung – noch mehr; auch ihre Hingabebegriffe füreinander stimmen überein.

Sie warten auf den Tag, an dem sie ganz eins sein werden im Zeichen des Kreuzes und in der Überwindung des eigenen Ichs.

Dann der Autounfall. Der Wagen kippt um, brennt. Das Feuer greift den Körper des Mädchens an. Sie bleibt ein Krüppel für immer.

«Wirst du mich noch heiraten?» «Ja, denn ich habe in dir etwas geliebt, das über deinen Körper hinausgeht.»

Dieser Mann und diese Freu werden begreifen, warum sich Gott im nackten Glauben verbirgt, um sich von uns lieben zu lassen.

KAPITEL DREI

«Was die Welt für schwach hält,
hat Gott auserwählt, das Starke zu beschämen»
(1 Kor 1,27).

Wenn ich sage, Gott offenbart sich uns als Abwesenheit, als Finsternis, als Schweigen, dann riskiere ich den Einwand: Du übertreibst wohl!

Und doch: Ich habe selbst erfahren, daß es so ist.

Und außerdem gibt es in der Bibel Abschnitte genug, die die gleiche Sprache reden. Die Schrift vermag meine These durchaus zu stützen.

Mir hat die Entdeckung der Art und Weise, wie Gott sich uns offenbart, sehr geholfen.

Mein gesamtes Denken ist dadurch erschüttert worden.

Sehen wir nun die Bibel unter diesem Gesichtspunkt durch, – freilich nur nach den großen Linien: Es steht jedem frei, Einzelheiten selbst nachzutragen.

Da wartet die Menschheit auf Gott. Das auserwählte Volk steht dabei sozusagen auf vorgeschobenem Posten. Es wartet besonders intensiv, heftet die Augen an den Horizont. Der Messias kann nicht mehr fern sein!

Was sucht denn dieses Volk – sein Volk – in ihm?

Welche Zeichen gibt es für seine Ankunft?

Macht, Ehre, Licht, Triumph.

Und was kommt?

Schwäche, Unscheinbarkeit, Dunkelheit, Anonymität.

Wer bemerkt die Ankunft Gottes, sein Kommen als wehrloses Kind?

Niemand!

Nur Maria, die Mutter, drückt den vor den Völkern verborgenen Gott an ihr Herz.

All jene, die warteten, haben ihn nicht erkannt.

Niemand bricht auf aus Jerusalem, der Heiligen Stadt, dem Schemel von Gottes Thron.

Noch schlimmer: Einige machen sich schon auf den Weg, aber sie kommen, den Unwillkommenen zu töten, den, der sich so ganz anders zeigt, als man erwartet hatte.

Das religiöseste Volk der Erde, das auserwählte Volk, lebte nur aus der Erwartung, aus einer mit beinahe greifbarer Spannung geladenen Erwartung.

Wen aber hat man erwartet?

Den Sohn Davids, den Sieger, den Herrn der Heerscharen, jenen, der das Reich wieder herstellen, die verhaßten Römer verjagen sollte. Triumph, Sicherheit, Sieg, also: immer dasselbe!

Doch was kommt?

Ein Arbeiterkind kommt auf diese Welt in einem abgelegenen, ja verrufenen Ort.

Und nach so langer Zeit der Erwartung nimmt keiner von ihm Notiz.

Aller Augen hatten nach etwas viel Besserem gesucht als nach dem Schweiß eines Arbeiters und der Anonymität eines Armen.

Und wie geht die Geschichte weiter?

Der Konflikt zwischen dem, welcher von sich behauptet der

Sohn Gottes, der Messias zu sein, und denen, die eine solche Tatsache nicht hinnehmen können, spitzt sich so zu, daß er sich erst mit der Kreuzigung eines Unschuldigen löst.

Sind Bethlehem, Nazareth und Golgotha nicht Beweise für das Schweigen Gottes, die Armut Gottes? Sind es nicht Straßen, auf denen er geht, um zu uns zu kommen?

Diese Straßen aber sind dunkel.

Für ihn und in sich sind sie freilich nicht dunkel: Es gibt für ihn nichts Strahlenderes als seine Erniedrigung bei der Geburt in Bethlehem, als die Wirklichkeit der Menschwerdung in Nazareth, als den Erweis der Liebe auf Golgotha.

Licht ist das alles für ihn, Licht!

Für uns aber ist es dunkel, die wir Lärm um uns wollen, während Gott Schweigen ist.

Dunkel ist es für uns, die wir Macht und Stärke wollen, während Gott stille Sanftmut ist.

Für uns ist es dunkel, die wir nur Vergnügen wollen, immer nur Vergnügen, während Gott doch Dienst ist, selbstlose und oft von Schmerz getragene Liebe.

Sogar die Kirche, die mit den intimsten Gedanken Gottes vertraut sein sollte, denkt und sucht manchmal in solch verfehlter Richtung.

Sie weiß nur zu gut, daß Jesus gesagt hat: «*Mein Reich ist nicht von dieser Welt*» (Joh 18,36), doch sie baut sich ein Reich, wenn auch nur ein ganz, ganz kleines, wie den Vatikanstaat!

Christus — das weiß sie wohl — war sanftmütig und gewaltlos. Zu Petrus hatte er gesagt: «*Stecke dein Schwert in die Scheide!*» (Joh 18,11). Im «Eifer für ihn» hat die Kirche aber — selbstverständlich dezent und unauffällig — nicht wenige umbringen lassen!

Sie erinnert sich noch gut daran, daß er arm und auf einem Esel nach Jerusalem kam, daß er gegen das Königwerden und gegen den Triumph war. Und doch schielte sie nach einem Reich und liebte den Triumph so sehr, daß gerade für sie die Bezeichnung «triumphalistisch» geprägt wurde!

Tatsache bleibt also, daß es schwer ist, an ihn zu glauben, schwer, seine innersten Gedanken zu lesen, schwerer noch, ihm zuzuhören. Man kann den Namen «Braut Christi» führen und sich doch mit vielen Dingen abgeben, die ihm mißfallen, weil sie seinem Denken widersprechen . . .

Man braucht nicht einmal daran Anstoß zu nehmen, denn jeder weiß, wie groß menschliche Schwäche sein kann und wie Gottes Barmherzigkeit auf alle Fälle noch größer ist.

Ich wundere mich nicht mehr, wenn ich zwischen ihm und mir nur Finsternis wahrnehme, wenn ich Dunkelheit feststelle zwischen meinen Gedanken und den seinen. Wenn ich die Hand ausstrecke nach ihm, entzieht er sich, läßt mich weiter im bitteren, verlängerten Warten.

Ich weiß ja, daß er auf meinen Glauben setzt, den ersten, ernsthaften Beweis meiner Liebe zu ihm.

Der Glaube ist wie der Abschnitt in der Verlobungszeit, der noch die Möglichkeit eines «Nein» einschließt, da ich den Weg, den ich gehen muß, noch nicht klar sehe.

Der Glaube ist eine Art Schutzwall, den er meiner Freiheit in Liebe anbietet.

Der Glaube ist aber auch die Macht, die ich zur Verfügung habe, ihm meine Liebe zu beweisen.

Er ist die Möglichkeit, gradlinig und ohne Interessen, ohne Verlangen nach Freude und Besitz, auf ihn zuzugehen, nur getrieben vom Verlangen, ihm zu gefallen.

Der Glaube ist der wahre Beweis der Liebe.

Er ist mein wahrer Reichtum, meine einzige Kraft.

Gott kommt mir entgegen in der Größe des Schöpfers. Ich gehe auf ihn zu, indem ich großzügig die Tatsache bejahe, daß ich nur Geschöpf bin.

Er kommt mir entgegen in der Torheit des Kreuzes. Ich gehe auf ihn zu in der Torheit meines Glaubens.

Gott geht das Risiko meiner Freiheit ein. Ich nehme das Risiko meines Glaubens an.

In keinem Augenblick erhebe ich mich mehr zu Gott, als wenn ich die Dunkelheiten meines Glaubens zu leben versuche – Dunkelheiten freilich nur für meine Augen.

Es kommt nicht so sehr darauf an, das Denken Gottes sofort zu begreifen, sondern mehr darauf, die Kraft zu besitzen, an etwas zu glauben, was ich nicht verstehe.

Deshalb ist der Glaube kein einsichtiger Vernunftschluß.

Ich tadle die Zeitgenossen Jesu nicht, weil sie ihn nicht verstanden haben, wundere mich aber, daß sie nicht an ihn geglaubt haben.

Die Größe Abrahams besteht nicht darin, verstanden, sondern geglaubt zu haben. Es wurden ihm hinreichend Zeichen gegeben, daß er glauben konnte. Gemäß seinem Glauben handelte er logisch, nicht gemäß seiner Vernunft.

Wie haben die Patriarchen den Heilsplan Gottes verstehen können, der noch verborgen war in Herz und Geheimnis Gottes?

Sie haben einfach geglaubt, und darin haben sie uns ein Beispiel gegeben, wie es im Hebräerbrief heißt:

«Gläubig sind diese alle gestorben, ohne die Verheißung erlangt zu haben; sie haben sie von ferne gesehen und begrüßt und haben bekannt, daß sie Fremdlinge und Pilger seien auf Erden. Denn die so sprechen, geben zu verstehen, daß sie eine Heimat suchen» (Hebr 11,13–14).

Das alles ist für uns sehr wichtig, kann unsere Vorstellungen von unserem Verhältnis zu Gott ganz neu gestalten, kann den Tagen, die wir noch hier auf Erden zubringen, eine ganz neue Bedeutung geben.

Der Mensch ist etwas Absolutes, ist selbständig und frei.

Gott läßt ihn in seiner Autonomie und in seiner Freiheit.

Wir tragen alle ein Stückchen des ursprünglichen Chaos in uns, von dem es heißt: *«Finsternis lag über dem Abgrund»* (Gen 1,2).

Und doch: *«Der Geist Gottes schwebte über den Wassern»* (Gen 1,2).

Auch das gilt für jeden von uns. In jedem steckt ein Stück Adam, der mit Gott redet, der sündigt, der aber auch einem Kain das Leben schenkt.

Jedem von uns wird aber auch durch Gottes Barmherzigkeit der Glauben angeboten, wie er einst dem Abraham angeboten wurde, wie Gott den Moses berief, dem Elias beistand und dem Jakob.

Sie alle, diese riesigen Gestalten der Vergangenheit, leben in uns, besser: wir können dasselbe Drama durchleben wie sie, dieselben Wirklichkeiten durchstehen. Mit ihnen gehen wir auf Christus zu.

Mit der Menschwerdung kommt Jesus in uns, wie er in Maria kam. Wir können die göttliche Nähe in ihrer ganzen Fülle erfahren.

Die ganze Schrift lebt in uns, spricht in uns, geht allmählich in unsere Erfahrung, in unsere Liebe, in unser eigenes Blut über.

Alles geht über in eine Hoffnung auf Gott hin, auf den Gott, der da kommt, der uns aber auch das Leiden und Warten des Advents, das Weinen Jeremias, den Frieden von Amos und die Visionen Joseas und Zacharias erleben läßt.

Damit aber all dies Wirklichkeit wird, braucht Gott mein freies und liebendes Ja.

Manchmal fällt es mir leicht «Ja» zu sagen. manchmal ist es fast «logisch», dieses «Ja».

Oft aber ist es auch dunkel und schmerzhaft.

Dann sind Glaube und Liebe angesprochen, werden zur Prüfung.

Geschwätz nützt dann nichts: *«Nicht, wer zu mir sagt: Herr, Herr . . .»* (Mt 7,21).

Die Taten sind es, die zählen, die echten, einschneidenden Taten.

Dazu ein Beispiel.

Ist der Gatte ganz in der Nähe, dann fällt es der Frau leicht, ihm zu sagen, daß sie ihn liebt. Es ist sozusagen ganz normal für sie, ist er doch nahe und läßt er ihr gegenüber an nichts fehlen. Wenn er aber von ihr weg ist, über Monate hin, Jahre vielleicht, wenn sie an seiner Rückkehr zu zweifeln beginnt . . ., dann, ja erst dann wird ihre Liebe auf die Probe gestellt.

Was für eine Größe, wenn sie sich durch nichts beirren läßt, sondern in der anonymen Menge immer nur ihn sucht!

Was für ein großartiges, gelebtes Zeugnis gibt diese Frau, über die Bitterkeit des Wartens hinweg.

Wer möchte nicht der Gatte sein, der verborgen unter den Lumpen eines unbekannten Bettlers zu dieser Frau kommt, um von ihr tausendmal zu hören, wie sie auf ihren Mann immer noch wartet, ihn immer noch liebt und seiner Rückkehr gewiß ist?

Wenn jeden Abend mein Gebet vom Dunkel verschlungen wird, dann weiß ich doch, daß Er, Gott, wie der unerkannte Bettler vor mir steht.

Und wenn ich im dunklen Glauben das lange Warten auf Gott aushalte, dann ist er schon zu mir getreten und hat mich umarmt, so, wie ich ihn zuvor durch meine Treue umarmt hatte.

KAPITEL VIER

«Jesus sprach zu ihnen:
‹Ich bin das Brot des Lebens.›»
(Joh 6,35).

In Christus wird Gott zu Brot, verborgen in einem Stück Brot, kommt Gott zu mir: Das alles ist kein Märchen, sondern pure Wirklichkeit.

Am Ende des letzten Kapitels haben wir gesagt, jeder von uns möchte der Gatte, der Bräutigam sein, der verborgen unter den Lumpen eines Bettlers zur Braut kommt, die ihn erwartet.

Ja: Die Eucharistie ist diese Armut, ist diese Verborgenheit Gottes, ist sein Kommen in unser Innerstes, das nur im Glauben möglich ist. Entweder ist dieser Christus nur ein Narr, der sinnlos daherredet, oder aber er ist die allmächtige und barmherzige Liebe, die den direkten Weg gefunden hat, um in unser Inneres zu kommen, ohne uns Angst einjagen zu müssen, in der allergrößten Einfachheit. Wir wollen ein wenig innehalten bei dieser Art der Gegenwart Christi im Brot.

Immer wieder reden wir in diesem Buch von der Gegenwart Gottes, von der Gegenwart eines persönlichen Gottes.

Dem Adam offenbart sich Gott als Schöpfer. Moses hört ihn reden. Er zeigt sich im Bewußtsein des Abraham, wird gegenwärtig in der Erfahrung des Elias, im Innersten des Jakob.

Als ob das alles noch nicht genügte, wird er sichtbar und berührbar in Jesus, offenbart sich in ihm als der liebende Vater, als der die Fülle verschenkende Geist.

Das wäre nun wirklich genug!

Jeder Mensch, der auf der Suche ist nach seinem Gott, kann ihn nun treffen und finden, wenn er das nur möchte.

Gott hat sich aber noch mehr ausgedacht. Er will noch auf eine weitere, eine andere Weise unter uns gegenwärtig, bei uns sein, in uns sein.

Er wandelt sich in ein Stückchen Brot.

Wir alle kennen den Bericht aus der Heiligen Schrift:

«Der Herr Jesus nahm in der Nacht, in der er verraten wurde, Brot, brach es und sprach: Dieses ist mein Leib für euch. Tut dies zu meinem Gedächtnis.

Ebenso nahm er auch den Kelch nach dem Mahle und sprach: Dieser Kelch ist der neue Bund in meinem Blute. Tut dies, so oft ihr ihn trinkt, zu meinem Gedächtnis» (1 Kor 11,23–25).

Schwer ist es, diesen Worten Jesu Glauben zu schenken.

Schwer ist es aber auch, von ihnen loszukommen!

Ich schaffe es nicht mehr, und versuchte ich es, so wäre es Sünde wider den Heiligen Geist.

Ich glaube, was Jesus gesagt hat, glaube, daß dieses Lebensbrot Jesus selber ist, der mir nahekommt, Christus, Brot für mich, Gegenwart für mich.

Ich weiß, dieser mein Glaube ist dunkel wie die Nacht. Und doch: Nichts ist heller als diese Nacht.

Ich habe oft und oft dieses Brot angeschaut, habe über Wochen hin in den einsamen Höhlen der Wüste nur mit ihm gelebt. Immer wieder habe ich im Glauben seine Stimme gehört:

«Ich bin hier bei dir, fürchte dich nicht!

Werde Kind vor meinen Worten.

Ich wollte Brot werden und mich von den Menschen essen lassen, damit sie so das ewige Leben essen.

Ist es wirklich so merkwürdig, daß ich aus Liebe zu Brot werde? Hast du nie die Erfahrung der Liebe gemacht?

Wenn ja, wolltest du dich nicht verzehren für den geliebten Menschen, in ihn ganz hineingehen?

Möchte das nicht auch die Mutter für ihr Kind?»

Du magst den Glauben an die Eucharistie ablehnen, solange du willst. Wenn du aber eines Tages von der Liebe ergriffen wirst, verstehst du vielleicht, daß Jesus kein Narr ist.

Er wird Brot.

Ich sage ganz ehrlich: Ich bin zwar ein krasser Egoist und fürchte mich höllisch vor Schmerzen – doch wenn ich selbst Brot werden könnte, um die ganze Menschheit zu nähren und zu retten, ich würde es tun!

Die Eucharistie ist gar nicht so merkwürdig. Es handelt sich um eine ganz logische Angelegenheit, um die größte Liebe, die je auf Erden gelebt wurde, um die Liebe Christi.

Wenn du dieses Brot anschaust, in die Hand nimmst, schaust du Jesu Leiden und Tod für die Menschen an, ja nimmst sie selbst in die Hand. Dieses Brot ist ein Andenken, das er uns an sein Leiden hinterlassen hat, ist das Gedächtnis seines Todes. Gleichzeitig ist es die Verkündigung seiner Auferstehung, die Verheißung, daß auch wir eines Tages auferstehen werden.

Die ganze Liebe Gottes für den Menschen ist zusammengefaßt in diesem Brot.

Man kann sagen: Von der Genesis bis zu den Propheten, vom Exodus bis zur Geheimen Offenbarung, strebt jedes Buch der Bibel hin zu diesem schauerlichen Geheimnis der tragischen Liebe Gottes zum Menschen. In seinem ersten Bund mit den Menschen wurde Gott schon gegenwärtig. In der Menschwerdung kam er uns noch näher. Am nächsten kommt er uns jedoch in diesem Geheimnis des Lebensbrotes.

Du kannst Gott in Händen halten als ein Stück Brot. Es ist die geheimnisvollste und doch persönlichste Gegenwart, die man sich vorstellen kann.

Nur seine herrliche Gegenwart beim ewigen Hochzeitsmahl wird diese Gegenwart im Brot noch übersteigen. Du wirst ihn dann immer bei dir haben!

Ich wünschte, es kämen bald die Zeiten wieder, da jeder Christ – wie in der Urkirche – das eucharistische Brot mitnehmen kann nach Hause.

Man könnte ihm einen Ehrenplatz bereiten in der Wohnung, könnte aus dieser Gegenwart Gottes Kraft erhalten, zu leben, zu lieben.

Im eucharistischen Brot, im Sakrament des Lebens, wird Gott wirklich allen alles.

Jeder kann ihn sehen, ihn berühren, ihn empfangen und essen. Jeder kann ihn dort anbeten, kann lange Zeit bei ihm verbringen.

Das alles kann geschehen in Ruhe und ohne Furcht. Geschmack, Gefühl spielen keine Rolle.

Wir würden zumindest sehr erschrecken, wenn er in einer offenkundigeren, sinnfälligeren Weise zu uns käme.

Auch unter dem Zeichen des Brotes spricht er nur unseren Glauben an, läßt uns jede Freiheit. Dort ist er das «große Geheimnis». Für die Hoffnung ist er Erinnerung und Gedächtnis, lebendiger Quell für die Liebe.

Großartig ist die Eucharistie! Nur die Intelligenz eines Gottes konnte sie ersinnen – eine Weise seiner Gegenwart, die die Gefahren unserer Sinnlichkeit, unseres Egoismus umgeht.

Denn, was geschieht bei unfähigen Knechten und bei faulen Angestellten, wenn sie merken, daß der Chef da ist.

Sie legen ein falsches Gebaren an den Tag, tun so, als wären sie ganz besonders eifrig. Sie umschmeicheln den Chef, um Karriere zu machen, tun ihm alles zu Gefallen.

Vergessen wir es nicht: Wir sind auch faule Knechte und unfähige Angestellte.

Gott zeigt sich uns aber nie. Er taucht nie sichtbar am Arbeitsplatz auf. Er läßt uns bei unserem Pflug auf dem Acker, geht weg und bestellt uns nur, daß er am Ende der Zeiten zurückkehren wird.

Und doch ist er da, ist ganz nahe. Du kannst ihn nicht sehen, aber Glaube und Liebe begreifen ihn. Er ist an deinem Arbeitsplatz, bei dir auf dem Feld. Er ist bei dir in einem Stückchen Brot, das du in einer Tasche mit dir genommen hast.

Er schaut dich an, sagt aber kein Wort.

So bist du in der Lage, zu erkennen, was höchste Liebe ist: Er spielt nicht Chef oder Aufseher, er läßt dir Zeit. Du sollst in der Liebe zu ihm wachsen.

Selbstlos sollst du ihn lieben.

Du sollst ihn lieben als die Liebe selbst, nicht als die Allmacht.

Lieben sollst du ihn als Licht, nicht weil er dir gefällt, als Leben, nicht als Sicherheitsgaranten oder Bürgen für dein Wohlergehen.

Ohne zu wollen, habe ich schon etwas gesagt, was später gesagt werden müßte. Das erste ist, daß er gegenwärtig ist als Speise.

Brot ist eine Speise.

Die Eucharistie ist eine Speise.

Bevor Gott als Freund kommt, schenkt er sich als Brot. Bevor er als Richter erscheint, gibt er sich zur Nahrung.

Er hat gesagt: *«Ich bin nicht gekommen, die Welt zu richten, sondern die Welt zu retten»* (Joh 12,47).

Er ist nicht zuerst Chef, der mich beobachtet, sondern Bruder, der mich ernährt.

Und diese Nahrung vermag mich umzuwandeln.

Dieser sein Schritt zu mir hätte nicht viel genützt, wenn er mir nur meine ganze Armseligkeit und Schwäche aufgedeckt, meine Neigung, mich dem ersten besten zu verkaufen, gezeigt hätte.

Er will mehr: Er will mich ändern.

Deshalb ist er Brot geworden, deshalb darf ich ihn essen.

Lesen wir noch einmal die Rede Jesu in Kapharnaum, die uns Johannes berichtet!

Unverständlich sind seine Worte für Außenstehende. Diese Worte bleiben vor uns stehen – einfach und licht, dunkel allein für den Verstand:

«Wahrlich, wahrlich, ich sage euch: Wenn ihr nicht das Fleisch des Menschensohnes eßt und sein Blut trinkt, habt ihr das Leben nicht in euch. Wer mein Fleisch ißt und mein Blut trinkt, hat ewiges Leben, und ich werde ihn auferwecken am Jüngsten Tage. Denn mein Fleisch ist wahrhaft eine Speise und mein Blut ist wahrhaft ein Trank. Wer mein Fleisch ißt und mein Blut trinkt, bleibt in mir und ich in ihm. Wie mich der lebendige Vater gesandt hat und ich durch den Vater lebe, so wird auch der, der mich ißt, durch mich leben. Dies ist das Brot, das vom Himmel herabgekommen ist, nicht wie jenes, das eure Väter gegessen haben und gestorben sind. Wer dieses Brot ißt, wird in Ewigkeit leben» (Joh 6,52–58).

Wer kann diese Rede verstehen, wenn er nicht bereit ist, sie aufzunehmen wie ein Kind, im Glauben an die Liebe Gottes, der sich uns wirklich als Nahrung schenken will?

Denn Wollen und Sein sind in ihm dasselbe.

Und er ist gekommen.

Er kommt jeden Tag.

Er nährt uns mit ewigem Leben.

Er selbst ist das ewige Leben.

Wir nähren uns von Gott.

So werden wir mit Christus blutsverwandt.

Kinder des Vaters.

Volk Gottes.

Wenn wir den Kelch des neuen Bundes trinken, verkünden wir schon jetzt das messianische Zeitalter, in dem wir an dem Tisch sitzen, den uns die ewige Liebe selbst bereitet. Wir werden nur von dieser Liebe leben, sie wird uns einsmachen mit dem einen und dreifaltigen Gott.

KAPITEL FÜNF

*«Das aber ist das ewige Leben, daß sie dich,
den allein wahren Gott, erkennen,
und den du gesandt hast, Jesus Christus»*
. (Joh 17,3).

In Christus ist Gott Brot geworden, um uns ewiges Leben zu schenken: *«Wer mein Fleisch ißt und mein Blut trinkt, hat ewiges Leben»* (Joh 6,54).

Was ist dieses ewige Leben?

Er hat es uns gesagt: *«Das aber ist das ewige Leben, daß sie dich, den allein wahren Gott, erkennen, und den du gesandt hast, Jesus Christus»* (Joh 17,3).

Jesus hat uns also nicht im unklaren gelassen: *«Ewiges Leben ist Erkenntnis Gottes.»*

Es handelt sich um eine wahre, wirkliche Erkenntnis.

Deshalb ist unser Gott *«der Gott, der ist»*, nicht ein Gott, der *«mir scheint, daß er ist»*.

Wer sich vom Sakrament des Lebens nährt, wer glaubt, kann mit Nachdruck sagen: Ich kenne meinen Gott. Ich verlasse mich auf die Worte Jesu: *«Wahrlich, wahrlich, ich sage euch: Wer glaubt hat ewiges Leben»* (Joh 6,47).

Ich glaube. Deshalb habe ich ewiges Leben. Deshalb erkenne ich ihn.

Gott gibt mir das Gebot, ihn zu lieben: *«Du sollst deinen Gott lieben aus deinem ganzen Herzen, aus deiner ganzen Seele und mit all deiner Kraft»* (Dt 6,5; Mt 22,37; Mk 12,30; Lk 10,27). Wie könnte er mir dieses Gebot geben ohne die Möglichkeit dazu, ihn zu erkennen?

Wie kann ich etwas lieben, das ich zuvor nicht erkannt habe?

Wer aber an ihn glaubt, ihm in der Eucharistie begegnet, kann nicht sagen, daß er ihn nicht kennt.

Sonst kommunizierte man wie ein Toter, und man empfinge ein einbalsamiertes Gesetz, nicht den lebendigen Gott.

Nur Lebendige können miteinander in Beziehung treten.

Gott teilt sich mir mit, indem er sich zu erkennen gibt, so, wie ich mich ihm mitteile, indem ich ihm das sage, was mich bewegt.

Ich rede von mir, er redet von sich. Das Sakrament macht diese Beziehung möglich.

Daß ich ihm von mir erzähle und mich so «bekanntmache», ist aber nicht sehr wichtig, denn er war immer schon vor mir, hat es nicht nötig, daß ich rede, damit er mich kennenlernt. Er weiß von mir schon alles.

«Jahwe, du erforschest mich, und du kennst mich;
wann ich sitze und wann ich stehe, du weißt es.
Meine Gedanken schaust du von ferne;
du schaust mich, wann ich gehe und ruhe;
all meine Wege sind dir vertraut.
Ehe noch auf der Zunge das Wort,
siehe, Jahwe, schon weißt du um alles.
Von rückwärts und vorne schließt du mich ein,
und du legst auf mich deine Hand»

(Ps 139,1–5).

«Wohin soll ich flüchten vor deinem Geist?
Wohin vor deinem Antlitz entfliehn?
Stiege ich zum Himmel empor, so bist du zugegen;
wollte ich in der Unterwelt lagern, so bist du auch dort.
Nähm' ich des Morgenrots Schwingen,
ließ ich mich nieder am fernsten Gestade:
Auch dort wird mich deine Hand geleiten,
und mich halten deine Rechte»

(Ps 139,7–10).

Wichtiger ist es, daß er mir von sich erzählt und von seinem Reich, wo er herkommt und wohin ich gehen soll in der Nachfolge dessen, der «der Weg» ist.

Christus hat uns in seinem Erdenleben «Kenntnis Gottes» gebracht. Indem er sich als Speise darreicht, trägt er die Kenntnis «verborgener Dinge» hinein in uns, baut in uns das, was wir volkstümlich «den Himmel» nennen. Wenn ich also Christus als Speise zu mir nehme, trete ich ein in die Welt des Unsichtbaren, trete ein in den Himmel. So wächst in mir das Erkennen Gottes, das mich führen soll zur vollen Reife der Gotteskindschaft.

Das Sakrament vermittelt mir Erkenntnis des Vaters. Im Essen des Brotes, das Christus selber ist, werde ich mit ihm blutsverwandt. Ähnlich werde ich ihm, werde wie er Vertrauter des Vaters.

Damit uns das alles in seiner ganzen Fülle zuteil wird, müssen wir dem Sakrament unsere Antwort geben. Diese Antwort ist das Gebet. Sie ist die Kraft des lebendigen Glaubens.

Zwar kommt er zu uns, aber wir müssen auch hingehen zu ihm. Er schenkt sich als Speise, aber auch wir müssen uns hingeben als Gabe.

Ohne Gebet bleibt das Sakrament tot, wie auch der Glaube tot bleibt ohne Werke.

Allein kann man nicht lieben.

Die Liebe eines einzelnen bleibt steril, wenn ihr keine Antwort zuteil wird, eine Antwort, die diese Liebe bejaht und so fruchtbar werden läßt.

Man kann nicht das Ja Gottes hören, ohne selbst mit Ja zu antworten.

Das Ja Gottes ist das Sakrament. Unser Ja ist das Gebet.

Vielleicht bleibt gerade deshalb der Empfang so vieler Sakramente ohne Frucht, weil auf sie nicht mit lebendigem, persönlichem Gebet geantwortet wird.

Das Sakrament, das einem Menschen gereicht wird, der nicht betet, wirkt wie die Speise, die man in einen Leichnam hineingibt: Sie steigert nur den Modergeruch.

Das Gebet als unser Ja auf die Liebe Gottes hält in uns das Sakrament lebendig und gestaltet es um zu Leben.

Es ist ganz einfach, die Kommunion zu empfangen. Schwieriger ist es schon, eine Viertelstunde still zu verweilen und zu überlegen, was an mir geschehen ist, im Glauben zu versuchen, mit meinem Willen dem Willen dessen zu entsprechen, der mit seiner großen Liebe zu uns gekommen ist.

Verstecken wir uns nicht allzu lange hinter dem Bewußtsein, beziehungsweise der Ausrede, daß das Sakrament von selbst wirkt!

Das Sakrament wirkt nur und macht nur dann lebendig, wenn du selbst lebendig bist. Lebendig sein heißt aber glauben, lieben, beten.

Auch die Lebendigkeit einer Ehe hängt auf längere Zeit hin nicht nur von einem der Partner ab. Entweder lieben sie sich wechselseitig, sucht einer den anderen, oder es ist bald die Krise da. Die Scheidung wird nicht lange auf sich warten lassen.

Das Gebet ist der Glaube im Vollzug. Es ist die Dynamik der Hoffnung und das Gespräch, das die Liebe führt. Zu einem wirklichen Besitz des ewigen Lebens – und das heißt doch: zur Erkenntnis Gottes – ist es unabdingbar.

Wer nicht betet, kann Gott in seinem Innersten nicht erkennen. Er kann ihn nicht erkennen als die Liebe, sondern höchstens als Symbol, Idee, Philosophie, als Wissen, Zahl, Raum, als das Ewige.

Es genügt nicht, Theologie zu studieren oder wissenschaftlich Bibelauslegung zu betreiben, um Gott zu erkennen.

Gott in seinem innersten Leben kann vom Menschen nicht erkannt werden.

Er ist «verhüllt» für den Menschen.

Jedoch enthüllt er sich und wird erkennbar, wenn wir uns ihm in Liebe – nicht aber mit Neugierde – nähern.

Nur in betender Haltung kann sich der Mensch Gott nähern in der Hoffnung, Zugang zu erhalten zum innersten Leben des dreifaltigen Gottes, *«daß alle eins seien wie du, Vater, in mir und ich in dir; daß sie in uns eins seien, damit die Welt glaube, daß du mich gesandt hast»* (Joh 17,21).

Man kann es nicht oft genug wiederholen: Vor- und Urbild der Liebe zwischen Gott und dem Menschen ist die Ehe.

Sie zeigt, was zwischen dem Absoluten und seinem Geschöpf, zwischen Gott und Mensch, zwischen Jahwe und Israel geschieht.

In der ehelichen Liebe genügt es nicht, sich gegenseitig zu analysieren oder über einander Romane zu schreiben.

Man muß schon wirklich verheiratet sein, muß «Ja» sagen zueinander bis zur letzten Konsequenz. Man muß Freundschaft pflegen, die Intimität freigeben, miteinander bleiben, im Willen übereinstimmen, muß ganz eins sein wollen, wie es die Schrift sagt.

Ich kann den anderen nicht erkennen, wenn ich Abstand halte, ich muß auf ihn zugehen, ja in ihn hineingehen.

Viele von denen, die Gott suchen, machen es so: Sie studieren ihn nach Büchern, denken viel über ihn nach, nähern sich ihm aus intellektueller Neugierde.

Je mehr sie aber über ihn nachdenken, desto konfuser werden ihre Ideen. Je mehr sie diskutieren, desto mehr entfernen sie sich von ihm.

Die Krise der Kirche ist eine Krise des Gebets und der Betrachtung.

Das Studium ist nicht mehr das Licht des geistlichen Lebens, statt Demut hat man nur noch Neugierde.

Selbstsicherheit und Verachtung der Vergangenheit leiten den Menschen, der Gott nicht mehr erkennen kann. Dabei geht er von der Voraussetzung aus, die Wahrheit könne man allein mit dem Verstand erringen.

Wenn die Wahrheit aber Gott selber ist, dann gehört sie zu dem, was «droben» ist. Niemand kann sie dann erkennen ohne göttliche Offenbarung.

Hat uns Christus das nicht schon klar und deutlich gesagt?

Judas (nicht der Verräter) fragt, warum er sich nur den Nahestehenden geoffenbart hat. Darauf antwortet er: «*Wenn einer mich liebt, wird er mein Wort bewahren, und mein Vater wird ihn lieben, und wir werden zu ihm kommen und Wohnung bei ihm nehmen*» (Joh 14,23).

Nur die Liebe kann uns Gott näher bringen. Nur sie führt dahin, daß er in uns lebt und sich in uns offenbart.

«*Wer meine Gebote hat und sie hält, der ist es, der mich liebt. Wer aber mich liebt, wird von meinem Vater geliebt werden, und ich werde ihn lieben und mich ihm offenbaren*» (Joh 14,21).

«*Ich werde mich offenbaren.*» Diese Worte zeigen das Geheimnis des betrachtenden Gebetes an. Hierin liegt die Hoffnung des Menschen begründet und sein Glaube, der in lebendigen Kontakt mit Gott kommen möchte.

Deshalb bete ich, stehe ich nachts auf zum Gebet, stelle mich vor Gottes Gegenwart und warte auf ihn, so wie Israel auf Jahwe wartet, wie die Braut aus dem Hohenlied auf ihren Bräutigam.

Ich weiß, daß Gott sich dem offenbart, der ihn liebt, sucht, seinen Willen tut. Darum warte ich im Gebet auf die Offenbarung Gottes.

Diese Offenbarung ist persönlich, entspricht ganz dem, der im Glauben vor Gott steht. Deshalb suche ich das ganz persönliche Gebet, nicht nur irgendeine Beziehung zu Gott.

Bei der Offenbarung geht es um das, was «droben» ist. Es geht um das unsichtbare Reich, um das innere Leben Gottes. Deshalb darf ich das Evangelium nicht nur als soziale oder psychologische Botschaft betrachten, nicht nur als Aufruf zur Revolution.

Ich suche ja den Himmel, nicht nur die Erde. Diese ist ja nur das Zelt, das ich eines Tages verlassen muß.

Ich suche im göttlichen Leben das Unerkennbare – nicht das Erkennbare, das ja schon in mir wohnt und das ich bis zum Überdruß kenne.

Ich suche das Leben des dreifaltigen Gottes, weil ich nur so meine eigenen Grenzen überwinden kann. Die Idee zur Welt bestärkt mich nur in meinem Egoismus.

Deshalb bete ich.

Ich bete, weil ich den Einen suche, von dem ich weiß, daß er sich finden läßt.

Ich brauche ihn nicht einmal in der Ferne zu suchen, denn aus Liebe zu mir ist er ganz nahe herbeigekommen.

Wenn er nahe ist, redet er von sich.

Er redet ewige, unermeßliche Worte. Ich brauche sie nicht zu verstehen. Es genügt zu hören – sie betend zu betrachten.

Betende Betrachtung führt hinaus über alles. Über dich selbst hinaus.

Über deine Grenzen.
Über deine Armut.
Über deine Sünde.
Über die Geschichte der Menschen.
Ja über den Tod hinaus.

KAPITEL SECHS

«Jesus sagte:
‹Stecke das Schwert in die Scheide!›»
(Joh 18,11).

Einem Irrtum kann der heutige Christ sehr leicht verfallen: die Botschaft des Evangeliums mit der geschichtlichen Evolution oder der sozialen Revolution gleichzusetzen oder gar zu verwechseln. Nachdem dieser Irrtum einfach ein Produkt des Zeitgeistes ist, fällt es uns auch nicht schwer, ihn zu begehen.

Warum eigentlich?

Der heutige Mensch, sei er nun Christ oder Buddhist, ungläubig oder gläubig, Chinese oder Amerikaner, hat sowohl seine eigenen Tiefenschichten neu entdeckt, als auch die in ihm ruhenden Möglichkeiten. Sie wissenschaftlich und technisch entfaltend, möchte er sich auf dieser Erde ein wenig besser einrichten.

Zwei Namen seien nur genannt: Marx und Freud. Sicher sind sie vielen Irrtümern anheimgefallen, haben manches unvollständig gesehen oder übertrieben. Man muß ihnen aber zugestehen, daß sie die Menschheit auf viele schwelende Probleme aufmerksam gemacht und die Völker dazu gebracht haben, sich an deren Lösung heranzuwagen.

Die Dinge nehmen jetzt ihren Lauf. Sicher sind es nicht die folternden Militärs manches Entwicklungslandes, die Kolonialisten, die Rassisten oder die totalitären Regimes, die diese Entwicklung hemmen können.

Man kann bestimmte Ideen bei ihrer geschichtlichen Entfaltung nicht hindern. Früher oder später kommen sie zum Zuge.

Die Menschheit geht heute also auf allgemeine Gleichheit zu, auf gerechte Verteilung der Güter, auf Freiheit und Brüderlichkeit unter den Völkern.

Die Macht der Kommunikationsmittel verhindert es, daß Dinge verborgen bleiben, wie es früher häufig geschehen ist. Die Probleme, Leiden und ungerechten Schicksale selbst kleiner Völker, ja auch die eines «wehrlosen» Einzelnen, werden allen bekannt. Alle nehmen Anteil daran, sind bereit, jene Probleme zu lösen, dem Leiden und den Ungerechtigkeiten ein Ende zu bereiten.

Die Menschen aber, die vor dem Bildschirm wegen der Ungerechtigkeiten auf unserer Erde leiden und ihre Fäuste ballen, sind freilich nicht alle Christen.

Jeder reagiert scharf, wenn es um Ausbeutung, Unwissenheit und Hunger geht; jeder, sei er Katholik oder Kommunist, Weißer oder Schwarzer, Mohammedaner oder Buddhist.

Man kann wirklich nicht sagen, daß die Katholiken besser reagieren als andere – wie ja auch die Christen als solche nicht etwa bessere Techniker, Ärzte, Verwaltungsleute oder Politiker sind als die Nichtchristen.

Ich habe zur Zeit des italienischen Widerstandskampfes Marxisten erlebt, die leidende Menschen verteidigt haben wie Heilige. In Afrika konnte ich junge Mohammedaner und Sozialisten hören, die mit dem Mut der Märtyrer eingetreten sind für kleine Völker, für deren Existenzberechtigung.

Überall gibt es Männer und Frauen, die bereit sind, sich einkerkern zu lassen, wenn es dem Fortschritt der Völker nützt. Es

gibt zu all diesen Problemen eben nicht nur päpstliche Rund-
schreiben, selbst wenn wir nur von den modernsten von Johannes XXIII. und Paul VI. reden.

Der Fortschritt der Völker – der Technik, Kultur, Medizin,
Kunst und Politik – ist sicher nicht zuerst und nur eine Forde-
rung des Evangeliums.

Jesus redet sicher nicht mehr davon als etwa Engels oder Ein-
stein.

Das wollte ich klargestellt haben.

Gott hat allen Menschen den Auftrag gegeben, *die Erde zu
bebauen und zu bewahren* (vgl. Gen 2,15).

Nicht das Neue Testament, sondern die Genesis ruft zur
gesellschaftlichen Veränderung auf.

Der Revolutionär aller Zeiten ist Adam, nicht Jesus.

Und in Adam sind alle Menschen schon enthalten – in Jesus
noch nicht.

Gleichheit aller und Gerechtigkeit für alle sind Gottes Wille.

Er hat nicht auf das Kommen Jesu gewartet, um dies mitzuteilen. Schon bei der Schöpfung hat er diese Gedanken dem
Menschen mitgegeben.

Schon die allerersten Menschen verstehen, daß es nicht
angeht, vom Blute der Armen zu leben, daß eine weiße Haut
nicht wertvoller ist, als eine schwarze.

Jesus legt viel Nachdruck auf all das, was der Vater dem
Menschen schon bei der Schöpfung mitgegeben hat. Seine Botschaft geht jedoch darüber hinaus.

Er ist nicht gekommen, uns freizumachen aus den Ketten des
Kapitals. Er wollte uns befreien von Ketten, die viel tiefer ein-
schneiden: Sünde und Tod.

Er redet nicht in erster Linie von der Erde. Die kannten wir
ja schon mehr oder weniger. Er spricht vielmehr von dem, was
jenseits der Erde liegt. Er erhellt das Geheimnis unserer Existenz, sagt uns, daß wir berufen sind, und wie wichtig das ist.

Er redet also vom Unsichtbaren, denn das Sichtbare hatten wir ja immer schon vor Augen, hätten es schon seit langer Zeit besser in den Griff bekommen können.

Das Ordnen dieser Erde, das Bauen der Stadt auf dieser Erde geht nicht nur jene an, die Christus nachfolgen, sondern alle Menschen, welchen Glauben sie auch immer haben mögen.

Die Botschaft Jesu geht darüber hinaus.

Er mahnt uns, über diesem Bauen auf der Erde die «himmlische Stadt» nicht zu vergessen, das Bauen von Gerechtigkeit und Liebe im Inneren.

Er sagt dem sich seiner Grenzen schmerzlich bewußten und auf den Tod zugehenden Menschen: *«Ich bin die Auferstehung und das Leben»* (Joh 11,25).

Dem Menschen, der in sich den unstillbaren Drang nach einem Höheren, Größeren spürt, sagt er: *«Du bist nicht nur Kind von Menschen, sondern auch Kind Gottes. Du bist ewig. Was du in dir spürst, ist gerade dieses Kindsein. Du wächst hin auf das ewige Leben. Das ist der Drang, den du in dir spürst. Deshalb sind dir die Grenzen des Sichtbaren, Menschlichen und Irdischen zu eng.»*

Manch einer mag darauf einwenden: «Wenn es so ist, dann behalte doch dein Paradies! Gib uns lieber eine Erde, auf der man vernünftig leben kann! Beteilige dich an unserer Revolution, überlaß den Himmel den Vögeln! Die Erde möchten wir beherrschen!»

Vielleicht haben sie recht. Jesus gibt aber keine Antwort. Er wird sich nicht ändern; wir sollen begreifen.

Er weiß alles, auch das, was wir nicht wissen. Er weiß, daß es immer noch ein letztes Problem zu bewältigen gibt, wenn wir unsere Erde geordnet, Häuser für alle, Schulen, Krankenhäuser, Wohlstand und ein freies Leben geschaffen haben: den Tod.

Dieses Problem ist weder das einfachste noch das leichteste.

Das Evangelium entfremdet die Menschen von der Welt nicht, es ist nicht abwesend beim Aufbau unseres Zusammenlebens, es lenkt uns von den Dingen und von unserer Existenz nicht ab. Aber es will mehr.

Es sagt uns Dinge, die der Marxist und der «irdische» Mensch uns nicht sagen können.

Am Abend des Tages, der uns alle, Gläubige wie Ungläubige, Katholiken wie Nichtkatholiken, gemeinsam gesehen haben wird beim sozialen Kampf für Gerechtigkeit, Wohlstand und Freiheit, sollen wir Christen – während die anderen verstummen und nichts mehr zu sagen haben werden – im Namen Jesu reden können. Denn wir haben eine Verheißung mitzuteilen, die über das Begrenzte, über die Politik, die Zeit, über die Bedingtheit menschlicher Dinge hinausgeht.

Was Jesus den Menschen zu verkünden hat, die ihm nachgefolgt sind, betrifft das ewige Leben. Es beginnt zwar schon hier, in unseren menschlichen Räumen, aber es will sich entfalten auf eine Wirklichkeit hin, die er Reich Gottes genannt hat. Für dieses Reich sind wir bestimmt.

Was wir sagen, wird nicht von jedem verstanden werden.

Wer nicht weiß, wie Jesus denkt und die eschatologische Beschaffenheit des menschlichen Lebens nicht kennt, seine Bestimmung auf das Ewige hin – wer also nur die irdische Stadt vor Augen hat, deren Gerechtigkeit und deren Grenzen, wird mit unseren Ausführungen nie einverstanden sein können.

So kommt es, daß – auch von christlicher Seite – das Evangelium verdreht wird. Man sucht dort Rechtfertigung für die eigenen Vorstellungen, möchte Jesus zu einem Revoluzzer, zu einem Gewalttätigen machen.

Selbst in Gottesdiensten hört man solches. Der marxistische Geist, das heißt der Geist der totalen Verdinglichung, hat viele ungerüstete und geistlich schwache Christen ergriffen.

Es ist immer schwer, sich dem Geist der Zeit, dem Denken der Zeit zu entziehen.

Sind die Christen von gestern vielleicht dem bürgerlichen Denken entgangen, das ihre Zeit beherrschte?

Waren die Christen von vorgestern in der Lage, sich dem kolonialistischen Denken ihrer Zeit zu entziehen?

Und was ist von den Christen des Mittelalters zu sagen, deren Zeit durch und durch feudalistisch eingestellt war?

Die Christen im Zeitalter Konstantins, waren sie alle auf der Flucht vor dem Geist ihrer Zeit, der herzlich wenig zu tun hatte mit der evangelischen Armut der Kirche?

Es ist die große Versuchung aller Zeiten, die Botschaft des Evangeliums gleichzusetzen mit Kultur, Soziologie und Denken der Zeit. Ein ständiger Angriff ist sie auf die Fortschrittlichkeit der Botschaft Jesu.

Das Evangelium ist weder Kultur noch Philosophie, weder Soziologie noch Politik. Damit läßt es sich nicht gleichsetzen.

Es läßt sich nicht in Kultur und Denken des Menschen einfangen. Es geht darüber hinaus.

Wenn du etwas, was von dir kommt, mit dem Evangelium gleichsetzt, versteinerst und institutionalisierst du es. Du sterilisierst es, läßt es sterben, mit dir sterben.

Denken wir an das Konzil!

Mußte sich die Kirche in dessen Verlauf nicht mit großer Anstrengung von aus toten Zeiten übernommenen Positionen lösen? Sie hatte sich von Ketten zu befreien, in deren Verstrikkungen sie geraten war, weil sie das Evangelium mit politischen, kulturellen und philosophischen Anschauungen vergangener Zeiten gleichgesetzt hatte.

Wir sind weiterhin in Gefahr, die Fehler von gestern zu wiederholen. Unsere fortschrittlichsten Leute verwandeln sich in pseudo-marxistische Gruppen – freilich mit christlichem Anstrich und mit Mithilfe mancher Soutane.

Es fehlt uns einfach an Charisma!

Deshalb haben wir nichts Originelles, Neues und Schöpferisches zu sagen. Wir, die «Kinder Gottes», betteln bei den Kindern dieser Welt um eine Inspiration.

Dabei ist doch das Evangelium die einzige große Neuigkeit für diese Welt.

Wenn es euch Spaß macht, Politik und Revolution zu betreiben, tut das doch! Aber tut es doch bitte nicht im Namen Christi. Denn das ist eine Fälschung seines Denkens und seiner Absichten.

Christus war zwar ein Revolutionär. Er hat Gewalt angewendet, – aber gegen sich selbst, nicht gegen die anderen.

Es ist ja so leicht, andere umzubringen. Viel schwerer ist es, sich selbst abzutöten.

Die Gewalt Christi besteht im Kreuz. Dieses ist in sein eigenes Herz gepflanzt; er trägt es nicht in das Innere seiner Gegner. Die Gewalt Jesu heißt Liebe, nicht Schwert oder Gefängnis, womit man immer die Probleme lösen will.

«Schlagen wir los, bringen wir zuerst einmal einige um . . .» Und dann?

Werden so nicht aus den Reihen der Revoluzzer von heute, die Diktatoren, Egoisten und Folterer von morgen geboren.

Es ist entmutigend, festzustellen, auf welche Weise meist der schönste gesellschaftliche Umbruch endet. Es scheint, als hätten die Menschen nie dazugelernt.

Wir sollen nicht die anderen «revolutionieren», sondern uns selbst.

Jesus ist der einzige richtige Revolutionär, denn er ist nicht darauf aus, Strukturen zu ändern, sondern den Menschen.

Strukturen kann man ewig ändern – sie bleiben trotzdem repressiv, solange der Mensch repressiv ist, der sie in der Gewalt hat.

Ein Armer wird weder bei dieser Regierung noch bei der

nächsten Hilfe finden, wenn die sich nicht ändern, die die jeweilige Regierung stellen und das jeweilige System schaffen.

Nie hat man soviel von Freiheit geredet wie heute. Nie hat man aber auch ausgeklügeltere Systeme erfunden, den Kommunismus mit eingeschlossen, die so die Freiheit ersticken. Der Kommunismus ist mir immer wie eine große, kindliche Utopie erschienen. Immer wieder hat er sich auf das Feld der Unterdrückung begeben, wohin er doch eigentlich gar nicht wollte.

Lesen wir etwa die Texte des XX. Kongresses der Kommunistischen Partei Rußlands. Chruschtschow hatte den Mut, sie zu verlesen. Bezeugen sie nicht wieder, daß der Mensch nicht einmal in sein eigenes Herz hinein klar zu sehen vermag.

Dasselbe russische Herz, das so reine und mutige Revolutionäre erzeugte, dasselbe russische Herz hat Tausende von Menschen liquidiert, die nach Gerechtigkeit hungerten, hat solche Schau- und Scheinprozesse geführt, wie es in der menschlichen Geschichte nicht ihresgleichen gibt.

Das alles waren die Früchte, die aus der entschiedensten und radikalsten aller menschlichen Revolutionen hervorgingen.

Deshalb will Jesus die Revolution der Herzen, nicht den Umsturz der Systeme.

Das Herz will er ändern, nicht die Gesetze, die von alters her im großen und ganzen in Ordnung sind.

In diesem Sinne ist Jesus ein Revolutionär, der einzige richtige Revolutionär.

Seine Revolution geht zwar langsamer voran, ist aber tiefgreifender.

Vor allem gibt es in dieser Revolution keine blutigen Opfer. Die Tränen, die dort fließen, sind Tränen über die eigene Schuld und über die Unfähigkeit, sich dieser Revolution voll und ganz anzuschließen.

Wenn sie aber die Herzen gewonnen hat, dann ist die Revolution Jesu total.

Sie ist wie Regen auf ausgedörrtes Land, wie Sonne, die auf die frostige Erde scheint. Wie Luft ist sie für die Lungen, wie das Brot, das auf dem Tisch liegt. Sie ist Friede.

Die Revolution der Herzen – das ist die Revolution Jesu.

Und gerade hier beginnt das größte Mißverständnis.

Wie kann man von einer Revolution der Herzen inmitten von Wölfen reden? (Ich bitte die Wölfe für diese Gleichstellung um Verzeihung.) Wie läßt sich in einem Bordell von Jungfräulichkeit, während einer nächtlichen Orgie von Buße sprechen? Man macht sich ja lächerlich!

Der Prozeß gegen Jesu, seine Verurteilung waren lächerlich! Und der Christ, der sich scheut, ja der sich dieser Lächerlichkeit schämt, räumt einfach den Kampfplatz . . .

Daher rühren dann die Unterscheidungen der «Bereiche», die Diskussionen darüber, ob die Kirche Politik machen soll oder nicht, ob die Amtsträger schweigen sollen oder nicht, was die Aufgaben des Laien eigentlich seien. All das sind Tricks, um sich vor der eigenen Verantwortung zu drücken, um den Armen Beweise dafür zu liefern, daß Religion tatsächlich Opium für das Volk sei.

Raniero La Valle, den ich für einen der «christlichsten» Christen unserer Zeit halte, hat zwei sehr beachtenswerte Worte über das Verhältnis von Kirche und Politik gesagt:

«Gott ist in der Mitte, oder er ist nirgends.» Und: *«Wenn Religion Beziehung des Menschen zu Gott im Glauben meint, und wenn Gott sich für den Menschen entschieden hat, dann ist sie wie ein Kreis, der alle Parallelen schneidet.»*

Könnte man die Begegnung von Sichtbarem und Unsichtbarem, von Tun und Betrachtung, von Religion und Politik, Kirche und Welt besser bestimmen?

Der Christ darf sich nicht zurückziehen, die Kirche darf nicht schweigen, wenn sie sich wirklich um die Probleme der Menschen kümmern und sie im Glauben überdenken will.

Die Verwirklichung des Reiches Gottes kommt nicht mit einem Schlag und nicht ein für allemal am Ende der Geschichte. Es ist jeden Tag, in jedem Moment im Wachstum begriffen – immer dort, wo ein Mensch an das lebendige Wort Jesu glaubt, es in Glaube, Hoffnung und Liebe zu verwirklichen sucht.

Das Reich ist schon in uns, auch wenn es in seiner ganzen Fülle erst kommen wird. Jede Tat, die wir tun als «Bürger» dieses unsichtbaren Reiches und um des Evangeliums willen, festigt dieses Reich, breitet es aus.

Der Christ hat seinen Platz in der Mitte von allem, dort, wo Gott selber ist. Sein Glaubenskreis durchschneidet alle die parallelen Linien des menschlichen Lebens.

Wenn er im Auftrag seines Gottes redet, spricht er prophetisch, nicht politisch im engen Sinne. Wenn er versucht, den Menschen zu «retten», ihn zu befreien, ist das nur Liebe, kein politischer Scharfsinn und auch kein kulturgeschichtlicher Vorgang.

Jeremias war ein schlechter Politiker. Immer, wenn er darüber redete, was Israel in der Politik passieren würde, landete er im Gefängnis.

Er war Prophet. Das Licht, das er von oben erhielt, wurde auch in der Politik wirksam: Es ließ erkennen, was Israel im politischen Bereich zu seiner Rettung zu tun hatte.

Wenn ein Mann Gottes redet oder wenn die Kirche – die Gemeinschaft des Glaubens und der Gnade – redet, dann will man nicht von Technik oder Kultur hören. Sie müssen Charisma künden. Dieses aber ist göttlich, vermag den Menschen auf seinem Weg zur Freiheit zu erleuchten. Sie müssen von der Liebe herkommen. Nur sie erkennt alles genau und bis auf den Grund, nur sie weiß, was gut ist für den Menschen.

Was für den Menschen in seiner Geschichte gut ist, läßt sich durch die Worte

Leben,
Licht,
Liebe

bezeichnen. Es sind dieselben Worte, die den Vater, den Sohn und den Heiligen Geist benennen.

Zu allen Zeiten und bei jeder Gelegenheit bleibt es die Aufgabe des Menschen, der sich auf Gott beruft, das Leben zu verteidigen, das Licht zu bezeugen und die Liebe zu leben.

Eine Gemeinschaft, in der man nicht liebt, sondern sich anklagt und sich haßt, ist nicht charismatisch, nicht prophetisch. Ein Mensch, der die Wahrheit verschweigt, also das Licht verbirgt, ist kein Prophet.

Ein Volk, das tötet und Arme unterdrückt, statt sie freizugeben, ist kein prophetisches Volk.

Deshalb genügt es nicht, einfach eine Gemeinschaft zu formen, um Kirche zu sein, wie es ja auch nicht genügt, Bischof oder Papst zu sein, um die Gabe der Propheten zu haben.

Wenn sich eine Gruppe von jungen Leuten auf Pfarrebene – wo man ja heute alles tut – zum Sport trifft, so sind sie deshalb wirklich noch nicht Kirche, selbst wenn ein Kleriker als Schiedsrichter fungiert. Kirche sind auch nicht jene, die zu politischer Diskussion zusammenkommen – auch wenn die sozialpolitischen Gedanken von einem Priester eingeleitet werden.

Eine Gemeinschaft, die Kirche sein will, hat sich an der Gemeinschaft im Abendmahlssaal Jesu auszurichten: Sie muß eine Gemeinschaft des Glaubens und der Gnade sein, der Liebe und der Danksagung, des Gebetes und des Charismas.

Prophetie zu künden ist nicht leicht, das kostet schon einiges. Man muß sie beim schweigenden Gott schöpfen, man muß gegen den Strom schwimmen, und man muß sehr lange beten können. Man darf keine Furcht haben.

Man darf nicht das tun wollen, was alle wollen, nur weil man sich sonst überflüssig und altmodisch vorkommt.

Man darf sich nicht durch die öffentliche Meinung beeinflussen und beirren lassen.

Sicher ist es für einen Christen einfacher, mit der öffentlichen Meinung konform zu gehen.

Man spürt das sogar in Predigten.

In meiner Jugend war man nationalistisch eingestellt. Von den Kanzeln hörte man die Bitte, Gold fürs Vaterland zu opfern, man begrüßte mit Freudentränen den Anfang eines jungen Imperiums.

Heute, da ich alt bin, ist etwas anderes Mode: Ich sehe Priester, gekleidet nach dem Kanon «modischer Armut», die den jungen Leuten um jeden Preis klarmachen wollen, daß sie jetzt endlich das Richtige getroffen haben, während das, was die früheren «bürgerlichen» Priester getan haben, ganz verfehlt war.

Was für Christen: ohne Prophetie und dazu auch noch eine Phantasie!

Armer Jesus: Wie wurdest du verlassen!

Noch schlimmer: Wie wurdest du verfälscht!

KAPITEL SIEBEN

> «. . . habe ich aber die Liebe nicht,
> so bin ich nichts»
> (1 Kor 13,2).

Was heißt das aber: Revolution des Herzens, das Herz ändern?

Wir stehen hier vor der Mitte der Botschaft Jesu, vor der Mitte des Evangeliums.

Soll man das Herz überhaupt ändern?

Wer von uns glaubt, in seinem Herzen sei alles in Ordnung, er sei ganz damit zufrieden, der melde sich! Ich melde mich allerdings nicht.

Nichts hat mir im Leben mehr Leiden verursacht als mein Herz, nichts mich mehr in Beschlag genommen.

Auch heute, nach vielen Jahren der Anstrengung, des Verzichts und des Kampfes ist es noch in meinem Innern krank.

Könnte ich es weggeben, ich würde es tun. Aber ich kann es ja nicht, soll es auch gar nicht.

Das heißt also: Ich muß es ändern.

Jahrelang versuche ich es schon, aber bisher ist es mir noch nicht gelungen.

Zu meinem Trost heißt es in der Schrift: *«Ich . . . werde entfernen das Herz von Stein aus ihrem Leibe und ihnen ein Herz von Fleisch geben»* (Ez 11,19). Bis heute warte ich aber darauf, daß sich das an mir ereignet.

In unserer Fraternität gab es vorgestern nur sehr wenig Kaffee.

Ich weiß, daß mir Kaffee hier in der Wüste gut tut . . . Ich bin ja schon alt, und er gibt mir Schwung.

So hatte ich Angst, es würde für mich kaum mehr etwas bleiben. Also bin ich in die Küche geschlichen, habe mich bedient und habe getrunken, was da war.

Den ganzen Tag über habe ich voll Scham daran denken müssen, an meinen Egoismus, mit dem ich meine beiden Mitbrüder von dem bißchen schwarzen und bitteren Zeug ausgeschlossen habe. War das nur eine Lapalie? Ich glaube eher, daß diese nicht mit den Mitbrüdern geteilte Tasse Kaffee die Wurzel unseres ganzen Elends anzeigt.

Hier in ihm liegt der ganze Unterschied zwischen Jesus und mir. Dieses mein Tun war von Gewicht. Daß es nach einem langen Leben dazu kommt, gibt mir zu denken. Jesus hätte den Brüdern den Kaffee überlassen; ich habe sie hingegen davon ausgeschlossen.

Geben wir ruhig zu, daß es mit unseren Herzen schwer ist zu lieben.

Wie ist es in der Ehe?

Wenn ein Mann zu einer Frau sagt: «Ich liebe dich», dann nimmt man zunächst an, daß er das Beste dieser Frau will.

Aber oft nimmt man sehr schnell wahr, daß er nur sich selber in ihr liebt. Egoismus vergiftet solche Beziehungen nur allzu häufig. Sie werden zu Akten der Besitznahme, statt Hingabe zu sein.

Ich bin der Ansicht, daß von hundert Taten, die wir als Taten der Liebe verstehen, die allermeisten aus reinem Egoismus kommen. Wir suchen das Vergnügen für uns selbst, sind ganz auf uns selbst konzentriert, sind aus nach Macht.

Deshalb tut uns Liebe oft so weh, bringt unser Lieben Spaltung in uns hinein.

Eros ist der Versuch, sich gegenseitig zu verschlingen, dem Leben auf Kosten des anderen Vergnügen abzugewinnen. Liebe wird zur Droge.

Ergebnis ist die Zerstörung, die Beschmutzung von allem.

Könnten wir doch wenigstens bei dieser Weise des Vorgehens Frieden, Freude und Fülle finden!

Es bleibt uns nur die Trauer darüber, daß Vergnügungsgier unsere Liebe entstellt hat.

Diese Trauer bestimmt dann – als Hintergrund sozusagen – unsere Beziehungen, führt zum Ekel über unsere eigene Existenz.

Diesem unseren Elend steht das göttliche Leben gegenüber, das wir in uns tragen. Die Ankündigung von Heil, Frieden und Auferstehung begegnet ihm.

Aus uns selbst können wir nicht lieben. Gott wird in uns gegenwärtig als Gnade und ewiges Leben, lehrt uns zu lieben.

Das Geheimnis, das Christus uns offenbart, meint Liebe zu dritt. *Eros* wird zur *Agape*. Das Paar wird zur Familie, die Liebe des Menschen wird zu einem Festmahl.

Die Weise, auf die Gott liebt, löst auch die Probleme unserer Liebe.

Das wirklich Neue am Christentum ist Gottes dreifaltige Liebe in uns. Sie ist die vollkommene Weise des Liebens. Das ist das ewige Leben: das Lieben Gottes in uns. So werden wir eingeführt ins Reich Gottes und frei vom zerstörerischen Egoismus. Unsere Liebe wird eine freie Liebe, will nicht mehr jemanden oder etwas besitzen, sondern sich verschenken. Zurücktreten wird zum Lebensprogramm.

Die Liebe zweier Menschen – zwischen Braut und Bräutigam, unter zwei Brüdern oder Freunden, zwischen Mutter und Kind – läuft immer Gefahr, zu etwas Ausschließendem zu werden, zu einem abgeschlossenen Besitz, zum Motiv verschiedener Eigeninteressen.

Die Liebe, mit der Gott liebt, korrigiert solche Entstellungen. Ein drittes Element wird eingeführt und mit ihm Großherzigkeit. Die Liebe wird uneigennützig und umfassend.

Zwei Liebende, die nur sich selbst lieben, werden egoistisch und kapseln sich ab. Allmählich schwindet auch ihre eigene Liebe. Haben sie hingegen Anteil an der dreifaltigen Liebe Gottes, dann ist das Band zwischen ihnen immer neu. Immer wieder sind sie dann aufgerufen, den Blick nach außen zu weiten über ihre Beziehungen hinaus, auf eine wirklich göttliche Dimension.

Das Ja zu einem «Kind» ist ja im Grunde nichts anderes als die Annahme dieses «Dritten», der ihnen helfen soll, aus ihrem möglichen Egoismus herauszutreten.

Was für Eheleute gilt, mag unter anderen Vorzeichen für jede Art der Liebe zutreffen. Menschliche Liebe strebt immer auf eine Bindung von zweien. Göttliche Liebe erinnert hingegen ständig an den «Dritten».

Das alles sind nur Bilder, aber sie können hilfreich sein. Gott in seiner Liebe ist dreifaltig; die Liebe ist nichts anderes als ein Abbild der Dreifaltigkeit.

Der Mann, der die Frau liebt, ist eine Person. Die Frau, die dem Manne zugetan ist, ist auch eine Person. Die Liebe zwischen beiden, die Gefahr läuft, sich gegenseitig aufzusaugen, wird frei und in gewisser Weise göttlich, wenn beide auf das Kind schauen, in dem sich die Liebe zwischen ihnen personifiziert.

Es ist in allen Beziehungen ähnlich.

Wenn es dort etwas Ideales gibt, einen höheren Zweck, eine Dynamik, das, was den Menschen davon befreit, sein Vergnügen nur im Genuß eines Augenblickes zu suchen, dann bleibt diese Liebe fruchtbar, ist frei von Egoismus.

Vergessen wir es bitte nicht, wir Menschen von heute: Nichts ist zerstörerischer als das Vergnügen als Selbstzweck.

Nichts schwächt den Menschen mehr als das sinnliche Suchen nach dem Vergnügen. Am rechten Gebrauch oder Mißbrauch dieses in jeder Wohlstandsgesellschaft lauernden Giftes ist manches wichtige Imperium zugrunde gegangen.

Wird der Mensch Sklave seiner selbst, dann haben alle Ideale ihre Geltung verloren. Man kann den eigenen Untergang nicht aufhalten, wenn man ihn betreibt.

Würde doch die Vergnügungssucht dem Menschen wenigstens Freude bringen! Aber es bleibt nur die Trauer über sich selbst!

Gefangen ist man, gebunden wie mit Ketten.

Es ist kein Friede möglich, weil man das natürliche Gleichgewicht gestört hat. Man ist berauscht wie von Drogen. Die Hölle, die es tatsächlich auf Erden gibt, ist ganz sicher eher durch jene geschaffen, die ohne Beachtung von Gesetzen und Respekt vor Gefühlen nur das eigene Vergnügen suchen, als von jenen, die jeden Tag Kreuz und Leiden auf sich nehmen.

Wäre es nicht so, so wäre Gott nicht Gott.

Menschliche Liebe ist wie eine Linie, d. h. wie die Gerade, die zwei Punkte verbindet.

Die Liebe, die von Gott kommt, kann man mit einem Dreieck vergleichen.

Revolution des Herzens meint: unsere Liebe – die Gerade – umzugestalten in ein Dreieck, – mit dem dreifaltigen Gott an der Spitze.

Diese Gegenwart Gottes in unserer Liebe und die Annahme aller Forderungen, die sich daraus ergeben, ist das Heil. Unsere Liebe wird so erhöht. Sie bekommt etwas Göttliches, Ewiges.

Das Herz des Menschen wird zum Herzen Christi.

Deshalb kann Paulus sagen, daß wir ohne jene Form der Liebe nichts sind.

Seinen großen Hymnus der Liebe sollte man auswendig können:

«Wenn ich mit Menschen –, ja mit Engelszungen rede, habe aber die Liebe nicht, so bin ich ein tönendes Erz und eine gellende Schelle.

Und wenn ich die Prophetengabe habe und alle Geheimnisse weiß und alle Erkenntnis besitze und wenn ich allen Glauben habe, so daß ich Berge zu versetzen vermöchte, habe aber die Liebe nicht, so bin ich nichts.

Und wenn ich all meine Habe zu Almosen mache und wenn ich meinen Leib hingebe zum Verbrennen, habe aber die Liebe nicht, so nutzt es mir nicht.

Die Liebe ist langmütig, gütig ist die Liebe, die Liebe ist nicht eifersüchtig, sie prahlt nicht, ist nicht aufgeblasen. Sie handelt nicht taktlos, sie sucht nicht den eigenen Vorteil, sie läßt sich nicht erbittern, sie trägt das Böse nicht nach. Sie freut sich nicht über das Unrecht, freut sich vielmehr mit an der Wahrheit. Alles deckt sie zu, alles glaubt sie, alles hofft sie, alles erträgt sie.

Die Liebe hört niemals auf. Prophetengaben – sie verschwinden; Sprachengaben – sie hören auf; Erkenntnis – sie verschwindet. Denn Stückwerk ist unser Erkennen und Stückwerk unser Prophezeien. Wenn aber das Vollendete kommt, dann wird das Stückwerk abgetan.

Als ich ein Kind war, redete ich wie ein Kind, urteilte ich wie ein Kind. Seit ich jedoch ein Mann geworden bin, habe ich die kindische Art abgelegt.

Wir sehen nämlich jetzt wie durch einen Spiegel rätselhaft, dann aber von Angesicht zu Angesicht. Jetzt ist mein Erkennen Stückwerk, dann aber werde ich ganz erkennen, wie ich auch ganz erkannt worden bin.

Nun aber bleiben Glaube, Hoffnung, Liebe, diese drei; am größten jedoch unter ihnen ist die Liebe» (1 Kor 13,1–13).

KAPITEL ACHT

*« Wenn ihr nicht Buße tut,
werdet ihr alle umkommen!»*
(Lk 13,5).

Zweifellos ist das Vergnügen einer der gefährlichsten Feinde für das geistliche Leben des Menschen. Ich sage: Vergnügen, nicht: Freude, Glück, Jubel.

Das Vergnügen, diese anziehende und geheimnisvolle Empfindung, in den Sinnen und im Geist eingenistet, ist ein Geschöpf Gottes. Diese bescheidene, süße, leichte, angenehme und gesellige, aber auch ungeheuer draufgängerische Empfindung wurde in unsere Sinne von Gott selbst gelegt, damit sie sich verwirklichen und entfalten, ja damit sie leben und letztlich seinen göttlichen Willen erfüllen kann.

Mit dem Vergnügen tut der Mensch – fast ohne es zu bemerken – Dinge, die ihm zum Leben unerläßlich sind. Er tut sie und hat dabei noch das Gefühl von Erfüllung, Wahrheit und Freude, die seiner Existenz eignen.

Das Vergnügen an Speise und Trank hilft dem Menschen, sich zu ernähren. Das Vergnügen am Ausruhen trägt zu seiner Entspannung bei. Vergnügen am Besitz weist ihn an seine Aufgabe, diese Welt zu beherrschen. Indem der Mensch sich über seinen Eigenwert freut, eröffnet sich ihm das Gefühl für die Würde des Menschen. Das Vergnügen an der Freundschaft gibt ihm den Sinn für die zwischenmenschlichen Beziehungen und die Gesellschaft.

Und was soll vom Vergnügen am Geschlechtlichen denn gesagt werden?

Es hat nicht weniger als die Leitfunktion am Geheimnis des Lebens, es ist in uns von Gott gesenkt worden, damit wir an seiner schöpferischen Macht und Freude teilhaben.

Es läßt sich also zunächst gar nichts daran aussetzen, an diesem kleinen Geschöpf namens Vergnügen. Es läßt uns den sonst so eintönigen Zeitverlust des Essens und Trinkens als angenehm, die schreckliche Verantwortung der Elternschaft als anziehend empfinden.

Wo ist dann der Haken?

Warum ist es dann gefährlich, so wie wir oben sagten?

Gefährlich ist es, weil es anziehend ist und weil wir so schwach sind, daß wir uns von ihm anziehen lassen.

Seine Anziehungskraft und unsere Schwäche – beides zusammengenommen bringt uns aus dem Gleichgewicht. Über kurz oder lang tun wir das Böse. Mit einem sehr altmodischen Wort heißt dieses Böse: Sünde

Augustinus sprach von Unordnung, gestörter Ordnung. Heute sagt man gerne: Übertreibung.

Wer beim Essen und Trinken übertreibt, ist unmäßig.

Wer sich selbst zu hoch einschätzt, ist stolz.

Wer zuviel aus ist auf Nichtstun und Ruhe, ist faul.

Gibst du deinen Gefühlen zu sehr Raum, wirst du leicht neidisch und eifersüchtig.

Übertreibst du bei deinem Streben nach Besitz, wirst du schnell zu einem Geizkragen.

Wer es mit der sexuellen Betätigung übertreibt, sündigt durch Wollust.

Gehst du diese Übertreibungen schön der Reihe nach durch, hast du gleich die sieben Hauptsünden beisammen. Faßt du sie zusammen, so hast du das, was heute «Droge» genannt wird.

Wer das Vergnügen um seiner selbst willen, sozusagen im ungetrübten Zustand sucht, ohne Rücksicht darauf, warum es uns von Gott geschenkt wurde (als Verbindung zwischen Denken und Tun, zwischen dem Sollen und seiner Verwirklichung), der betäubt sich wie mit einer Droge.

Man prostituiert so in gewisser Weise dieses wundervolle Stückchen Schöpfung, das wir «Vergnügen» nennen, das uns von Gott gegeben ist, damit wir leichter vorankommen auf unserem Lebensweg, leichter seinen Willen erfüllen können.

Ist Selbstbefriedigung nicht Betäubung?

Ist das ziellose Herumlungern auf der Straße, wie es manche junge Leute tun, nicht Betäubung?

Ist der Gebrauch einer Frau oder eines Mannes, um im Verkehr mit ihnen zu einem bißchen Vergnügen zu kommen, nicht Selbsttäuschung?

Ist das Opium- oder Haschrauchen, ist das Rauschgifteinspritzen nicht Entartung, nicht Perversion?

Ja, es ist Entartung, denn es ist unnatürlich.

Es ist Entartung, denn der Mensch wird zum Instrument herabgewürdigt, die Schöpfung zum Besitz und zur Orgie.

Wer so handelt, weiß, daß es Entartung ist. Er sucht sich ja zu verstecken: *«Die Menschen liebten die Finsternis mehr als das Licht, denn ihre Werke waren böse»* (Joh 3,19). Der junge Mann, der die Droge nimmt, sucht sich ja auch zu verstecken, ebenso der Buchhalter, der Bilanzen manipuliert, oder der, der schmutzige Macht- und Kriegspolitik betreibt.

«Hütet euch vor den falschen Propheten, die in Schafskleidern zu euch kommen, inwendig aber reißende Wölfe sind. An ihren Früchten werdet ihr sie erkennen . . .» (Mt 7,15–16).

Es gibt ein ernstes Anzeichen dafür, daß die Sünde etwas Unnatürliches, Schädliches ist: Trauer.

Die Natur wendet sich sofort gegen jeden, der gegen sie angeht.

Was für ein bitteres Erwachen für den, der die Droge genommen hat!

Was für ein schaler Morgen für den, der bei der Prostitution Befriedigung suchte!

Man will sich heute gerne selbst etwas vormachen und sagt: «Ach, das alles ist doch nicht Sünde!» Es ist, wie wenn ich ein Glas Wasser trinke. Ich komme nur einem Verlangen der Natur nach . . .»

Wenn du so redest, warum fragst du mich auf der anderen Seite heimlich, ob es nicht vielleicht doch Sünde ist?

Warum machst du nicht einfach auf diesem Weg weiter, ohne zu fragen?

Ist dein Fragen nicht ein Hinweis darauf, daß sich in dir etwas regt, etwas, das man früher «Gewissen» nannte?

«Ich weiß keinen Grund, aber etwas stimmt mit mir nicht. Ich lache zwar, singe, aber im Innern fühle ich mich ganz miserabel. Ich fühle mich ganz allein, schaue nur auf mich selbst . . . Ich habe zwar alles, was ich brauche, aber trotzdem bin ich kaum mehr zur Liebe fähig, zum Gespräch . . .»

Also kommt die erste Warnung doch aus dir selbst. Eine höchst glaubwürdige Warnung, denn sie wirkt leise und unerbittlich, beständig und unwiderlegbar.

Für einen Augenblick des Vergnügens mußt du vielleicht mit vierundzwanzig Stunden Niedergeschlagenheit bezahlen, für den kurzen Gebrauch einer Freundin mit lang anhaltendem Ekel. Und kaum bist du noch in der Lage, auf diesem Weg anzuhalten. Übertreibung bringt weitere, größere Übertreibung hervor, besonders heute, da man kaum mehr in der Lage ist, Widerstand zu leisten, und die großen Massenmedien den

Trend zum Vergnügen noch fördern. Es ist ein wahrer Taumel der Erotik, der Droge und der Perversion!

«Nicht züchtige mich, Jahwe, in deinem Zorn, in deinem Grimme strafe mich nicht.

Denn es drangen ein in mich deine Pfeile, es lastet auf mir deine Hand.

Mir ist nichts Heiles am Fleische,

da du mir zürnst, nichts unversehrt an meinem Gebein, da ich gesündigt.

Auf meinem Haupt ist übergroß geworden die Schuld, gleich einer schweren Bürde drückt sie mich nieder.

Es verwesen meine Wunden und faulen ob all meiner Torheit.

Gedrückt bin ich und gar tief gebeugt, traurig geh' ich den ganzen Tag.

Denn meine Lenden sind voller Brand, an meinem Leibe ist nichts Gesundes.

Ermattet bin ich und ganz zerschlagen, in der Qual meines Herzens schreie ich auf»

(Ps 38,2–9).

Nein, die Sünde ist wirklich nicht interessant und außerdem sehr langweilig.

Das ist deshalb so, weil Sünde in der letzten Tiefe nichts anderes ist als Egoismus.

Und dafür ist die menschliche Natur keineswegs bestimmt.

Der Mensch ist zur Hingabe geschaffen.

Nur wenn er sich verschenken kann, ist er glücklich.

Eigentlich ist nur das ganz unser, was wir verschenkt haben.

Egoismus macht uns traurig, schenkende Liebe hingegen glücklich.

Wenn ein junger Mann seine Braut umarmt, so ist das nicht dasselbe, wie wenn er eine Hure umarmt. Die erste Umarmung ist befreiend, denn sie ist Selbsthingabe; die andere ist demütigend, denn sie ist Egoismus. Die eine schenkt Freude, die andere hinterläßt Bitterkeit.

So ist es aber immer: Wenn du dich verschenkst, bist du glücklich. Machst du deinen Bruder zum Instrument, bist du traurig und unzufrieden.

Ich möchte so sagen: Das große Thema des ganzen Universums ist die Eucharistie – freies Geschenk Gottes für den Menschen, Geschenk des Menschen für Gott. Das Gegenthema ist die Sünde. Der Mensch kehrt nur bei sich selbst ein. Das ist die Sünde, und sie führt zum Tod. Der Ort dieses Todes ist die Hölle.

Man braucht sich gar nicht zu fragen, wo denn die Hölle sei.

Man braucht nur die Sünde aufzuspüren; dann sieht, verkostet man auch die Hölle.

Wer in Sünde ist, ist schon in der Hölle. Eine vorläufige Hölle, wenn du daraus noch entrinnen kannst. Eine endgültige Hölle, wenn du nicht mehr herauskommen kannst.

Zieh' dich also heraus, solange du es noch kannst!

Tu es in Furcht vor der Zeit, da du es nicht mehr kannst!

So hat sich der verlorene Sohn gerettet (vgl. Lk 15,11–32). Der reiche Prasser war nicht mehr dazu fähig (vgl. Lk 16, 19-30).

Jesus sagt das schreckliche Wort: *«Wenn ihr nicht Buße tut, werdet ihr alle umkommen»* (Lk 13,3). Dieses Wort wiegt um so schwerer, weil doch Jesus sonst so duldsam und sanftmütig von Herzen ist.

Aus diesen Worten spricht ehrliche Besorgnis. Wir sollten nicht spaßen mit ihnen, sonst bringen wir nicht wieder gutzumachendes Unglück über uns.

Das kann Angst machen.

Der reiche Prasser *«kleidete sich in Purpur und feine Leinwand und lebte alle Tage herrlich und in Freuden»* (Lk 16,19).

Wie war es möglich, daß er zu einem Punkt der Perversion gelangte, von dem aus er unter den Lumpen des Lazarus nicht mehr den Gott der Liebe erkannte? Dieser Gott stand vor ihm und wollte von ihm den Erweis seiner Liebe. Er fand ihn kalt vor, spie ihn daher aus aus seinem Mund (vgl. Offb 3,16).

Wie ist es möglich, daß ein Drogensüchtiger die eigene Mutter umbringt, um an Geld für neue Rauschmittel zu gelangen?

Wie kann man einen Bruder töten, weil er den eigenen Absichten im Wege steht?

Wie kann man auf solche Weise seine Ideale, seine Familie und seine Gesundheit zerstören?

Es ist so leicht zu sagen: Weil Gott gut ist, gibt es keine Hölle. Was ist aber mit denen, für die die Hölle jetzt schon existiert, eine Hölle, in die sich der betreffende Mensch in all seiner Entartung selbst gebracht hat?

Man kann überhaupt fragen, ob eine Gesellschaft, die ganz beherrscht wird von Geldgier, Sex und Orgie, nicht die Hölle ist.

Oder ein Krieg, der geführt wird, um Schwache zu unterdrücken, Arme auszurauben und den eigenen Machtbereich zu erweitern – ist das nicht Hölle?

Wenn man in einer Familie nicht mehr miteinander redet, sich gar haßt – ist das nicht Hölle?

Wenn in unseren engsten Beziehungen nur noch Lust und Gier regieren – ist das nicht Hölle?

Die Hölle ist ein Zustand, den wir mit unseren eigenen Händen, unseren eigenen bösen Absichten erbauen.

Es bliebe noch die Frage, ob denn die Hölle ewig ist. Diese Frage ist aber müßig. Die Dimension der Ewigkeit kann von unserem Verstand ja nicht begriffen werden.

Wir können daran glauben oder auch nicht, – so, wie wir glauben können oder nicht, daß Gott existiert, daß es eine Gegenwart Jesu in der Eucharistie gibt, daß wir am Ende der Zeiten auferstehen werden.

Auf jeden Fall wird es darauf ankommen, den Worten Jesu zu glauben und praktische Konsequenzen daraus zu ziehen: *«Wenn ihr nicht Buße tut, werdet ihr alle umkommen.»*

Was heißt das aber: umkehren, Buße tun?

Nach biblischem Sprachgebrauch heißt es soviel wie: «dem Bösen widerstehen», «gegen den Strom schwimmen», «Bedingungen schaffen, die Selbstüberwindung gestatten».

Das alles hängt von uns ab, auch wenn wir keine Lust zum Handeln haben und das Problem immer vor uns herschieben.

Zuerst müssen wir angehen gegen zeitgemäße Ideen, die oft dem Evangelium widerstreiten. Angehen müssen wir gegen die Moden und den Geist der Zeit, wo oft böse Einflüsse wahrzunehmen sind.

Heute hört man oft: «Was ist denn am Sex so schlimm? Lassen wir doch die Sache mit den Tabus! Kannst du den Anblick des Nackten nicht ertragen? Dann schau es eben so lange an, bis du dazu ohne weiteres in der Lage bist. Löse dich aus den Fesseln einer hergebrachten Moral, lebe einfach nach der Natur. Warum soll man dort immer nur Böses sehen, wo es doch einfach um Liebe geht?»

Man braucht wirklich nicht viel Erfahrung, um zu begreifen, wo eine Gesellschaft enden muß, die von solchen «befreienden» Ideen beherrscht wird.

Jeden Abend bräuchte man eine neue Liebschaft, jedes Bett stünde jedem offen. Männer und Frauen würden mehr wie Prostituierte als wie Eheleute leben, deren Existenz durch die gegenseitige Hingabe erfüllt wird.

Es geht einfach nicht! Unsere heidnische Kultur hat einen Punkt erreicht, wo wir dem «Geist der Zeit», seinen Ideen, einfach nicht mehr nachgeben können.

Denn es ist wahrhaftig ein teuflischer Geist, es sind mörderische Ideen.

Man kann doch einem jungen Menschen, der – von allen betrogen – in die Falle des Rauschgiftes geraten ist, nicht sagen: Du willst frei werden von der Droge? Gut, dann nimm sie!

Du willst dich vom Druck der Sex-Welle befreien? Gut, schau dir Pornographie an!

Auf solche Weise kann man nie von etwas loskommen. Man muß mit aller Energie angehen gegen das Betreffende, muß sich ihm entwinden, zu entkommen versuchen.

Die Situation ist schrecklich. Unsere abendländische Gesellschaft erstickt in Sex!

Tausende von jungen Leuten zerstören sich mit Droge, Unbeweglichkeit und Selbsttäuschung, begleitet vom idiotischen Lächeln einer Kultur, die keine wahren und bleibenden Ideale mehr bieten kann.

Man sollte doch die Worte Jesu hören: *« Wenn ihr nicht Buße tut, werdet ihr alle umkommen.»*

Endlich sollten wir doch beginnen, das Fleisch dem Geist zu unterwerfen. Endlich sollten wir zum Pilgerstab greifen, aufbrechen mit ein wenig hartem Brot in der Tasche und in Bußgesinnung, damit uns wieder aufgeht, wie großartig unser Körper ist: Tempel Gottes.

Damit niemand auf diesem harten Weg der Umkehr den Mut verliert, möchte ich – vor allem für den Schwachen – ein Geheimnis verraten:

Vertraut nicht eurem eigenen Mut, verlaßt euch nicht auf euren Willen. Verlaßt euch auf das Gebet! Eins ist sicher: Tugend führt nicht zum Beten, aber Beten führt zur Tugend.

Die Bemühungen des Menschen allein, wenn auch notwendig, sind nicht genug.

Entscheidend ist die Begegnung des menschlichen Mühens mit dem kommenden Gott, eine Begegnung, die nur das Gebet herbeiführt.

Wiederum: Wir hoffen auf den Gott, *der da kommt!*

Der Mensch, der klagen, weinen und beten kann, wird am Tiefpunkt seiner Schwäche die Stärke Gottes erfahren.

Aus dieser Begegnung wird Sieg.

Daher rufen wir laut in der Kraft unserer Armut, an der Schwelle unseres Todes, in der Gewißheit der Auferstehung: *«Komm, Herr, komm bald!»* Daher rufen wir ebenso laut in der Erkenntnis unserer Schwäche, in der Bereitschaft zur Buße: *«Komm, Herr Jesus!»* (Offb 22,20).

KAPITEL NEUN

«Du sollst den Herrn, deinen Gott, lieben,
mit deinem ganzen Herzen und mit deiner
ganzen Seele und mit deiner ganzen Kraft
und mit deinem ganzen Denken,
und deinen Nächsten wie dich selbst»
(Lk 10,27).

Kaum hast du heutzutage etwas über das Gebet gesagt, bekommst du schon Folgendes zu hören:

«Was soll denn das Beten, ich habe wahrhaftig etwas Besseres zu tun. Wenn wir gegen den Hunger in der Welt anzutreten und unsere Wirklichkeit zu meistern haben, dann können wir unsere kostbare Zeit wirklich nicht mit solchen Sachen verschwenden!»

«Warum sollen wir versuchen, mit dem unsichtbaren Gott in eine wohl hypothetische Beziehung zu treten, wenn man ihn unmittelbar und konkret im sichtbaren Menschen finden kann?»

«Der Mensch ist ja die sichtbare Gegenwart Gottes hier auf Erden. Diene ihm, steh ihm bei, hilf ihm, und es ist alles getan!»

Sogar jene, die Zeugen des unsichtbaren Gottes sein sollten, schließen sich solchen Standpunkten an – Priester und Ordensleute. «Du sprichst von Wüste, Schweigen und Gebet», so habe ich es selbst oft hören müssen. «Wie kannst du so zu uns reden, da wir doch alle Hände voll zu tun haben! Wir müssen uns mit der Gegenwart auseinandersetzen, stecken in der Arbeit vom frühen Morgen bis zum späten Abend, weil wir den Menschen zu dienen haben, besonders den Armen.» Mit einem mitleidigen Lächeln, schließt man mir den Mund, in der Einbildung, ich sei hoffnungslos von Gestern.

Tatsache ist, daß es sich dabei beileibe nicht um Wahnvorstellungen und auch nicht um Vergangenheit handelt. Gerade der Priester, der über Jahre hin keine Zeit zum Gebet finden konnte, steckt nun in einer schweren Identitätskrise. Gerade der engagierte Christ, der zum Beten keine Zeit verschwenden will, steht über kurz oder lang dann vor dir, so ausgelaugt und leer, daß du nicht mehr weißt, wie du ihn anpacken sollst, um ihm doch noch ein bißchen Glauben an das Ideal zu geben — an das Ideal, dem er doch dienen wollte.

Das erste Gebot bleibt immer das erste. Als solches wurde es im Alten Bund verkündet (vgl. Dt 6,5), als solches im Neuen bekräftigt:

«Du sollst den Herrn, deinen Gott, lieben, mit deinem ganzen Herzen und mit deiner ganzen Seele und mit deiner ganzen Kraft und mit deinem ganzen Denken . . .»

Es wird so stark betont, daß man keinen Zweifel haben kann an seiner Gültigkeit. Kein Stück des Menschen ist in der Liste vergessen: «Herz», «Seele», «Kraft», «Denken» . . .

So wird die Notwendigkeit, Gott zu lieben, mit aller Deutlichkeit herausgestellt.

Wenn du nicht betest, also nicht die persönliche Beziehung zu ihm suchst, nicht lange mit ihm zusammen bist, um ihn nicht kennenzulernen, vergißt du ihn auf einmal. Er entschwindet deinem Gedächtnis, du erkennst ihn nicht mehr wieder, kannst ihn nicht mehr lieben.

«Aus den Augen, aus dem Sinn.» Dieses Sprichwort bewahrheitet sich nicht nur für menschliche Beziehungen, sondern in schrecklicher Weise auch für die Beziehung zu Gott.

Wenn ein Verlobter seine Verlobte anruft und ihr sagt: «Du, entschuldige, ich kann heute abend nicht kommen, ich habe schrecklich viel zu tun», so ist das zunächst nichts Besonderes. Tut er dasselbe aber immer wieder, hat er über Jahre hin immer wieder dieselbe Entschuldigung – Verpflichtungen, Arbeit, Treffen mit Freunden – dann ist es ein sehr ernster, ja ein ganz klarer Fall. Es ist keine Liebe mehr da.

Denn Liebe überwindet alle Schwierigkeiten, um den Menschen zu treffen, den man liebt.

Wenn du also nicht betest, Gott nicht nachgehst – ist es deshalb, weil du ihn nicht liebst oder weil du wirklich keine Zeit hast?

Normalerweise haben wir Angst das erste zuzugeben und sind eher geneigt, uns hinter das zweite zu verschanzen. Das ist einfacher!

Und wir blicken ja sowieso nicht durch. Tatsächlich stecken wir so in Umständen drin, daß man wirklich nicht immer von «Schuld» auf unserer Seite reden kann.

Von morgens bis abends werden wir von unserer Gegenwart bedingt, nicht nur von der Konsum-, sondern auch von der Lärm- und Slogangesellschaft ständig bombardiert. Sollten wir etwa davon nicht beeinflußt werden?

Das Sichtbare tritt so dicht an uns heran, bemächtigt sich unser so sehr, daß für das Unsichtbare kein Raum mehr bleibt.

Die Helden des Showgeschäftes und des Sports beanspruchen dein abgehetztes Herz so sehr, daß du keinen freien Stuhl mehr hast in deinem Wohnzimmer für die Helden der Bibel, die dir doch früher so vertraut waren.

Die Gestalt Jesu ist nicht mehr in deinem Bewußtsein. Nach drei Stunden vor dem Fernsehen dieser Welt, hat er dir auch fast nichts mehr zu sagen.

Es ist eine harte Wahrheit, aber doch Wahrheit!

Es ist doch ein himmelweiter Unterschied zwischen einem

Petrus, der, gedrängt von der Liebe zu Christus, auf den Straßen des römischen Reiches einherzieht, ganz ergriffen von seinem Herrn, und dir, der du von einer lebendigen Gegenwart des göttlichen Meisters nichts mehr spürst. Du weißt nicht einmal, wo er zuhause ist.

Und auf einmal drängt sich dir die Frage auf: «Warum bin ich überhaupt Priester geworden? Warum bin ich in diese Ordensgemeinschaft eingetreten?»

Die Antwort bleibt aus, besser: wir haben Angst sie auszusprechen.

Ohne Liebe kann man nicht leben. Wenn du den persönlichen Gott nicht mehr liebst – die Person Jesu, die des Vaters, die des Geistes – dann bist du gezwungen, dir Ersatz für deine Liebe zu suchen.

Dasselbe wäre auch einem Petrus oder einem Paulus passiert, hätten sie ihre leidenschaftliche Liebe zu Jesus nicht gepflegt. Statt als Märtyrer zu sterben und auf diese Weise unvergängliches Zeugnis abzulegen, wären sie am Versagen einer verlorenen Berufung gestorben.

Ein Wort an die Überbeschäftigten, an jene, die wirklich und ehrlich fürchten, sie würden den Mitmenschen, für den sie zu sorgen haben, aus den Augen verlieren, wenn sie viel Zeit auf Gebet verwenden.

Sie sind nicht von vorneherein im Unrecht. Es gab in der Vergangenheit Christen, die viel zu oft den Eindruck eines weltfremden, abwesenden Glaubens erweckten. Heute möchte man dagegen das Konkrete, Echte, Lebensnahe.

Hier in Beni-Abbes kommen im Winter oft viele Nomaden mit ihren Zelten vorbei.

Es sind die Ärmsten der Armen. Sie haben weder Kamele noch Ziegen, haben auch nicht mehr Kraft und Mut, Karawanen zu organisieren. Sie suchen zunächst einmal einfach einen festen Punkt, von dem aus sie sich wieder einfügen möchten in die geänderten gesellschaftlichen Umstände, in denen Nomadentum kaum mehr möglich ist.

Eine französische Frau, die zu Exerzitien hierher gekommen war, kam eines Morgens an einem solchen Zelt vorbei. Sie blieb stehen, als sie ein Tuareg-Mädchen bemerkte, dünn wie eine Kerze. Es zitterte vor Kälte.

Morgens in der Wüste, wenn die Sonne noch nicht hoch am Himmel steht, ist es nämlich recht kalt.

«Warum ziehst du dich nicht wärmer an?» fragte sie.

«Ich habe nichts zum Anziehen», war die Antwort.

Die Französin geht der Sache nicht weiter nach. Sie ist auf dem Weg in die von Pater Foucauld erbaute Einsiedelei, möchte dort vor dem Allerheiligsten beten.

Sie wirft sich dort im Sand nieder, möchte also beten.

«Ich konnte nicht», bekannte sie mir später.

«Ich mußte zurückkehren zu dem Zelt, dem Kind dort etwas zum Anziehen geben. Erst danach konnte ich beten.»

Vielleicht ist schon klar geworden, was ich denen sagen möchte, die Angst haben vor dem persönlichen Gebet, Angst deshalb, weil sie fürchten, sich zu weit von den leidenden Mitbrüdern zu entfernen.

Wenn du wirklich und ernsthaft betest, dann wird dich Gott selbst stärken für den Dienst an den Brüdern, wird dir noch größere Liebe zu ihnen schenken. Du wirst sie besser, intensiver lieben können.

Jetzt kommt vielleicht der Einwand: Ich habe Anstoß genommen an vielen Christen, die sich verschlossen haben vor Problemen wie Gerechtigkeit und Befreiung der Menschen.

Gerade sie haben aber sehr viel gebetet!

Nein, lieber Freund, sie haben nicht gebetet! Sie haben nur geschwätzt.

Man kann nicht zu einem persönlichen Gott beten und angesichts der Not der leidenden Brüder gleichgültig bleiben.

Es geht einfach nicht.

Wer betet, aber nicht die Not der Brüder mitleidet, betet vielleicht zu einem Stück Holz, zu einem Schatten, aber nicht zum lebendigen Gott.

Wenn du, lebender Mensch, betest, sendet dich der lebendige Gott nämlich zu deinen lebenden Brüdern.

Dein Gebet zum lebendigen Gott geht durch das Herz Christi hindurch, in dem sich wahre Liebe zu Gott und den Mitmenschen in einzigartiger und gültiger Weise zeigt. Dort berühren sich die Vertikale, der Kontakt mit dem Absoluten, und die Horizontale, der Dienst an den Menschen.

Seit Christus gelebt hat, kann man die Liebe zum Vater nicht mehr trennen von der Liebe zu den Brüdern.

Wenn man aber zuerst die Brüder liebt, muß man sich darüber im klaren sein, daß man diese Liebe ebenfalls nicht abtrennen kann von der Liebe zum Vater.

Der Vater ist eine Person; er hat ein Recht darauf, geliebt zu werden wie die Brüder.

Personen lieben sich um ihrer selbst willen, nicht im Blick auf andere.

Liebt man einen Menschen um eines anderen willen, dann macht man ihn zu einem Instrument.

Wenn wir den Mitmenschen nicht zum Instrument machen wollen, dann aber auch nicht Gott!

Ich kann also nicht sagen:

«Indem ich die Brüder liebe, liebe ich den Vater.» Andererseits ist es auch nicht möglich, die Brüder zu lieben, indem man den Vater liebt.

Liebe ist nur stark, wenn es eine persönliche Liebe ist.

Ich kann nicht sagen: «Ich liebe Christus, der in der Gemeinschaft der Brüder gegenwärtig ist», wenn ich ihn zuvor nicht als Person liebe, als den Sohn.

Sicher kann man Christus auch in der Kirche lieben. Sie ist ja sein geheimnisvoller Leib. Zuerst aber ist Christus eine Person. Er will mit allen deinen Kräften geliebt werden. Das gleiche gilt für die Person von Vater und Heiligem Geist. Sie wollen geliebt werden mit deinem ganzen Herzen.

Das ist der Sinn des ersten Gebots.

Kommen wir nun zum «Tun», zum «Geben», «Sagen»! Das bewegt ja so viele Menschen in der Kirche: «Was ist zu tun? Was haben wir zu geben, zu sagen?»

Habt ihr noch nicht bemerkt, daß vieles unnütz getan wird?

Daß man Dinge gibt, in denen kein Leben steckt?

Daß man Zeug redet, das niemand zur Kenntnis nimmt?

Wenn man alle Stunden zusammenzählte, die man in der Kirche mit unnützen Zusammenkünften verbringt, kommt man auf eine ganz hübsche Zahl.

Das Volk Gottes ist oft mehr als angewidert von Leuten, die vor ihm stehen und ohne Überzeugungskraft reden, ohne Ehrlichkeit und Prophetie.

Was aber verleiht mir Überzeugungskraft, wenn nicht das Gebet?

Was macht mich ehrlich, wenn nicht der persönliche Umgang mit Gott im Gebet?

Wer schenkt mir ein bißchen prophetischen Geist, wenn nicht Gott, der Urheber alles Prophetischen?

Wenn ich nicht bete, bleibe ich tot und stumm, kann nichts Gültiges mehr sagen. Mein Tun wird schlapp und müde.

Ohne betrachtendes Gebet habe ich nichts Neues zu sagen.

Gott hat sich mir immer gezeigt als der ewig Neue, als der, der unsere Sache stets neugestalten kann. Aber nur wenn ich ihn betend betrachte, finde ich das rechte Wort für die anderen.

Sie wollen von mir ja weder Kultur noch Technik, weder Politik noch Kunst, noch Wissenschaft. Sie wollen das Wort der Verheißung, das ihnen hilft, den Weg ins Reich Gottes zu finden.

Nur Gott besitzt dieses Wort. Er teilt es dem mit, der es sucht, nicht dem, der vorgibt, keine Zeit zu haben, sich auf die Suche zu machen.

Wenn ich also sage: «Ich habe zum Beten keine Zeit», so heißt das soviel wie:

«Ich kenne zwar Gott nicht, möchte aber zu euch von ihm reden. Ich liebe Gott nicht, möchte euch aber beibringen, wie man ihn liebt. Ich habe ihn aus den Augen verloren, möchte euch aber sagen, wo man ihn finden kann.»

Damit bezeugen wir nur, wie unlogisch wir denken und handeln.

Es lohnt sich, darüber nachzudenken, wie unlogisch wir mit Gott umgehen.

KAPITEL ZEHN

«Du bist Petrus, und auf
diesem Felsen . . .»
(Mt 16,18).

Wie sehr müßte ich dich kritisieren, Kirche – und wie sehr liebe ich dich!

Ich leide an dir – und doch verdanke ich dir so unendlich viel!

Manchmal wünschte ich deinen Untergang – und doch brauche ich dich so nötig.

Oft und oft habe ich Anstoß genommen an dir – aber du bist es auch, die mir den Weg zur Heiligkeit weist!

Ich habe in der Welt nie etwas erlebt, das so voll Finsternis, Kompromiß und Falsch ist – aber auch nichts Reineres, Großmütigeres und Schöneres! Wie oft war ich drauf und dran, meine Türe vor dir zu verschließen, und wie oft habe ich gebetet, einmal in deinem Schoß sterben zu können!

Ich komme von dir wirklich nicht los. Ich bin ein Stück von dir, ohne je mit dir ganz identisch zu sein.

Außerdem: Wohin sollte ich gehen?

Sollte ich vielleicht eine neue Kirche aufmachen?

Dort würden ja dieselben Fehler wieder geschehen, denn ich

brächte mich ja selbst mit allen meinen Fehlern mit! Auch wäre eine neue Kirche dann meine Kirche, nicht mehr die Kirche Christi.

Ich bin alt genug, um zu wissen, daß ich nicht besser bin als die anderen.

Kürzlich schrieb ein Freund von mir in einer Zeitung: «Ich verlasse die Kirche, denn durch ihre enge Verbindung mit den Reichen ist sie nicht glaubwürdig.»

Das hat mir leid getan.

Entweder hat dieser Freund nicht genügend Erfahrung, oder aber er ist so hochmütig, daß er sich für besser und glaubwürdiger hält als die anderen.

Niemand von uns ist glaubwürdig, solange er auf dieser Erde lebt.

Selbst ein Franziskus sagte: «Du hältst mich für heilig. Ich könnte aber sofort mit einer Hure Kinder haben, wenn Christus mich nicht hielte.»

Glaubwürdigkeit kommt nicht vom Menschen, sondern allein von Gott, von Christus.

Vom Menschen kommt nur Schwäche – und bestenfalls der Wille, mit der unsichtbaren Kraft der sichtbaren Kirche etwas Gutes zu tun.

War vielleicht die Kirche von gestern besser als die von heute?

War vielleicht die Kirche von Jerusalem glaubwürdiger als die von Rom?

Paulus kommt nach Jerusalem, getragen von charismatischer Kraft und vom Willen, die Kirche in allen Völkern auszubreiten. Wir kennen die Einstellung des Jakobus hinsichtlich der Beschneidung, wissen um die Schwächen des Petrus, der es mit den Reichen von damals – den Söhnen Abrahams – hielt, nur mit «Reinen» speiste. Kamen deshalb dem Paulus Zweifel an der Wahrhaftigkeit der Kirche, die Christus gerade gegründet hatte? Wollte er vielleicht eine neue in Tarsus oder Antiochien gründen?

Katharina von Siena mußte das damalige Treiben des Papstes mitansehen, wußte, daß es schmutzige, politische Gründe waren, die ihn bewogen, sich gegen Rom, seine eigene Stadt, auszusprechen. Kam sie deshalb auf die Idee, in ihrer sienesischen Heimat eine neue Kirche aufzumachen – besser als die sündige Kirche Roms?

Paulus und Katharina vermochten wohl zu unterscheiden zwischen den Einzelmenschen, die Kirche bilden – dem «kirchlichen Personal», wie Maritain sagt – und jener Gemeinschaft «Kirche», die im Unterschied zu allen anderen menschlichen Gemeinschaften «von Gott ein übernatürliches, heiliges, reines, unfehlbares Wesen erhalten hat, geliebt von Christus als Braut, geliebt auch von mir als gute Mutter».

Das ist das Geheimnis der Kirche Christi, ein nicht zu ergründendes Geheimnis.

Die Kirche vermag mir Heiligkeit zu vermitteln, aber sie besteht ganz aus Sündern, und aus was für Sündern!

In einem allmächtigen und unbesiegbaren Glauben kann sie immer wieder Eucharistie feiern, besteht aber aus schwachen Menschen, die im dunkeln tappen und jeden Tag gegen die Versuchung kämpfen müssen, den Glauben zu verlieren.

Sie trägt eine reine, durchsichtige Botschaft zu den Menschen, ist selbst aber so undurchsichtig und beschmutzt wie die Welt selbst.

Die Kirche redet von der Sanftmut ihres Meisters und von seiner Gewaltlosigkeit, hat aber im Laufe der Geschichte immer wieder Heere ausgesandt, um Ungläubige und Häretiker auszumerzen.

Ihre Botschaft ist die der Armut, die das Evangelium verkündet, immer wieder ist sie aber aus nach Geld und sucht Verbindung mit den Mächtigen.

Man braucht nur die Akten des Prozesses gegen Jeanne d'Arc zu lesen, um sich zu überzeugen, daß Stalin nicht der erste war, der Unterlagen gefälscht und Richter manipuliert hat.

Auf welch niederträchtige Weise hat man doch den Galilei zur Unterschrift gezwungen! Zeugt nicht das Verfahren gegen ihn von der Bosheit der Menschen, die Kirche formen? Von ihrer Irrtumsfähigkeit, wie sie sich im Fall Galilei zeigt, wollen wir gar nicht reden.

Wer an die Kirche herantritt, wird immer auf dieses Geheimnis stoßen: Fehlbarkeit und Unfehlbarkeit, Sünde und Heiligkeit, Schwäche und Stärke, Glaubwürdigkeit und Unglaubwürdigkeit sind da geheimnisvoll verbunden.

Wer von Zuständen träumt, die mit dieser Wirklichkeit nicht übereinstimmen, vertut nur Zeit. Außerdem zeigt er, daß er den Menschen nicht verstanden hat.

Denn so ist ja der Mensch, auch der Mensch in der Kirche: böse, aber auch unbesiegbar in dem Glauben, den Christus ihm geschenkt hat, und in der Liebe Christi, von der er lebt.

Früher habe ich nie recht verstehen können, warum Jesus den Petrus zum Haupt der Kirche, zum ersten Papst gemacht hat. Heute wundere ich mich nicht mehr darüber, daß die Kirche über dem Grab eines Verräters erbaut ist, eines Mannes, der sogar vor dem Gerede einer Magd sich als feige erwies. Für uns ist dieser Umstand eine ständige Mahnung, selbst demütig zu bleiben und das Bewußtsein der eigenen Schwäche nicht zu unterdrücken.

Nein, ich würde die Kirche nicht verlassen, um eine eigene zu gründen. Dies wäre dann über einem Felsen gebaut, der noch weit schwächer wäre als der, auf dem unsere Kirche ruht.

Hinzu kommt, daß die Beschaffenheit des Felsens ja gar nicht ins Gewicht fällt. Entscheidend ist die Verheißung Christi, entscheidend ist der Heilige Geist, der diesem Felsen Festigkeit gibt.

Nur er vermag die Kirche zu bauen aus so schlecht beschaffenen Steinen, wie wir es sind. Nur er kann uns zusammenhalten, während doch unser grenzenloser Hochmut darauf abzielt, daß wir auseinander gehen.

Wenn ich mir die Kritik an der Kirche so anschaue, kommt sie mir vor wie der Ausdruck einer tiefen, ernsten Sorge, einer Sorge, die die Dinge vor Augen hat, wie sie besser, heller sein könnten.

«Wir müssen zurückfinden zur Armut. Wir dürfen nicht bauen auf Bündnisse mit den Mächtigen . . .»

Ich weiß aber auch, daß sich die Kritik gegen Pfarrer, Bischof und Papst auch gegen mich selbst richtet. Auf einmal merke ich, daß ich im selben Boot sitze, derselben Familie angehöre wie sie. Sünder sind wir allesamt, Sünder bin auch ich.

Versuche ich nun, mich selbst ernster Kritik zu unterziehen, da merke ich auf einmal, wie schwer Bekehrung ist.

Denn es kommt vor, daß ich beim Festessen mit befreundeten Soziologen den Mund vollnehme, wenn es um brennende Probleme des Kolonialismus geht, aber die Frau oder die Mutter vergesse, die allein in der Küche das Geschirr spülen muß. Bin ich dabei etwa ganz frei vom Geist des Kolonialismus?

Ich entrüste mich zwar aufs heftigste über die Vergehen, die die Weißen in rassistischer Einstellung an den Schwarzen verüben. Mir geht aber nicht auf, daß ich selbst ein Mensch bin, der immer Recht behalten will. Der seinem Vater immer wieder an den Kopf wirft, er begreife überhaupt nichts, weil er eben ein einfacher Bauer ist. Der immer wieder den Menschen ein Körnchen Weihrauch opfert, die es zum «Chef» oder «Direktor» gebracht haben, oder Frauen einfach deshalb, weil sie schön sind.

Denken wir daran, was Jesus gesagt hat! *«Richtet nicht, damit ihr nicht gerichtet werdet. Denn mit dem Gericht, mit dem ihr richtet, werdet ihr gerichtet werden»* (Mt 7,1–2).

Man darf die Kirche ohne weiteres kritisieren, wenn man sie liebt. Man hat aber nicht das Recht dazu, wenn man sich als «Außenstehender» fühlt, als «Reiner». Man darf jederzeit angehen gegen Sünde und Schwäche. Schlimm wird es jedoch, wenn man andere beschuldigt und sich dabei unschuldig und lauter vorkommt.

Wenn man heute sagt, die Kirche müsse glaubwürdiger sein, so läßt sich darüber endlos diskutieren.

Für wen soll sie glaubwürdiger sein. Für jene, die nicht einmal an Gott glauben? Das ist nicht möglich, denn kein Zaungast kann sie verstehen.

Soll sie glaubwürdiger werden für jene, die nicht an Christus glauben? Auch das ist unmöglich, denn das Geheimnis der Kirche ist das Geheimnis Christi. Wer nicht an ihn glaubt, kann auch nicht an sie glauben.

Soll sie glaubwürdiger werden für jene, die glauben, daß Christus der Sohn Gottes ist. Darüber kann man ernsthaft reden.

Die Kirche ist für die Christusgläubigen von vorneherein schon deshalb glaubwürdig, weil sie ihn in gewisser Weise fortsetzt, weil sie die Fülle Christi ist. Sie ist in erster Linie nicht glaubwürdiger oder unglaubwürdiger wegen des jeweiligen Tuns der Päpste oder der Christen oder ihrer politischen Einstellungen. Sie ist glaubwürdig, weil sie, obwohl ihr «Personal» seit zweitausend Jahren Sünden begeht, bis jetzt den Glauben so bewahrt hat, daß heute morgen einer ihrer Priester über das Brot die Worte: «Das ist mein Leib . . .» gesprochen und mich mit meinem Herrn und Meister Jesus verbunden hat.

Sie ist glaubwürdig, weil trotz vieler Jahrhunderte des Kampfes, der Spaltungen und der Versuchungen, ja trotz uns selbst, wir immer noch ein lebendiger Leib, eine Gemeinschaft des Gebetes und der Gnade sind, für die Christi Worte zutreffen: *«Die Pforten der Hölle werden sie nicht überwältigen.»*

Worte, die wir heute noch als dramatische Wirklichkeit und als echte Verankerung empfinden.

Sie ist glaubwürdig, weil das Leiden Christi auf dieser Erde weiter geht, sich in seinen Heiligen und Märtyrern, ja auch in einfachen Christen wiederholt, die ihn lieben, so gut sie können, die so mit ihm aufs engste verbunden sind. Nur in der Kirche können und wollen sie den göttlichen Meister finden, wissen ihn, den Lebendigen nahe, wenn sie sein Wort hören.

Die Wirklichkeit der Kirche ist ein Geheimnis.

Sie ist von einem dunklen Schleier umhüllt wie die Eucharistie. Nur der Glaube hat Zugang. Wie Petrus nach der Brotrede Jesu muß ich aber sagen: *« Wohin sollen wir gehen? Du allein hast Worte ewigen Lebens!»* Und ich blicke dabei auf die Kirche, auf «meine» Kirche, auf die Kirche Pauls VI.

Schauen wir also nicht auf die Steine und Felsen, auf und aus denen die Kirche gebaut ist, mag es sich um Petrus oder Paulus oder Jakobus handeln.

Schauen wir auf die Verheißung Christi, der gesagt hat: *«Auf diesem Felsen will ich meine Kirche bauen ...»* Schauen wir auf die Person, die im Namen Jesu und des Vaters aus getrennten Dingen die Einheit herbeiführen kann, auf den Heiligen Geist.

Das Geheimnis der Kirche ist das Geheimnis des Heiligen Geistes, der ungeschaffenen Liebe also, die den Vater mit dem Sohn verbindet und uns durch Christus mit Gott eint. Dieser Geist wurde an Pfingsten ausgegossen.

Der Heilige Geist ist wie das Lächeln Gottes über die Menschheit, die durch Jesu Blut reingewaschen wurde. Er ist das Vertrauen Gottes zu uns. Im Heiligen Geist schaut Gott die Menschheit liebevoll an und befähigt uns, eins zu werden mit ihm und untereinander.

Der Heilige Geist, der der Geist Jesu und des Vaters ist, ist das Fest Gottes, die Freude Gottes. Er ist der Finger Gottes über unseren Wunden, sein Licht in unseren Herzen, seine Barmherzigkeit über unsere Sünden. Er ist das, was dem Zachäus widerfahren ist, als er Jesus begegnete: *«Siehe, die Hälfte von meinen Gütern gebe ich den Armen und habe ich jemanden betrogen, so erstatte ich es ihm vierfach zurück.»* Er ist das, was sich im Herzen der Maria Magdalena abspielte, als sie mit Jesus zusammentraf. Er war es, der dem Petrus die Worte eingab: *«Du bist der Christus, der Sohn des lebendigen Gottes!»*

Denkt man da noch an die Vergehen eines Zachäus, an die Sünden der Maria Magdalena und an die Schwächen des Petrus?

Alle sind Kirche, wie auch ich Kirche bin. Auch die, die sich noch bekehren müssen, sind Kirche. Kirche war in gewisser Weise schon jener Räuber, der in Palästina sein Unwesen trieb: Christus erwartet ihn auf Golgotha. Auch Räuber gehören zur Kirche, auch Kapitalisten, Ausbeuter und Gewalttätige. Sie sind die neuzeitlichen Kranken, die es zu heilen gilt, die Besessenen, die von ihren Dämonen zu befreien sind, die Blinden, die wieder sehen wollen, die Toten, die erweckt werden sollen.

Nicht deshalb gehören sie zur Kirche, weil sie mir gefallen oder nicht, denken wie ich oder nicht. Sie gehören zur Kirche, weil Gott sie einmal liebevoll angeblickt hat. Er hat es getan im Heiligen Geist, er gibt ihnen Vertrauen und will sie retten.

Ein christlicher Gewerkschaftler sagte zu mir: «Ich gehe nicht mehr in meiner Pfarrei zur Messe. Die eucharistische Gemeinschaft dort ist falsch, denn neben mir sitzt mein Arbeitgeber, gegen den ich mit aller Kraft in der Gewerkschaft kämpfe. Ich kann mit ihm keine Verbindung haben.»

Der Mann irrt sich. Er denkt marxistisch, ohne es zu bemerken.

«Ich kann mit meinem Feind keine Verbindung haben, denn ich will ihn ja ausmerzen.» Was ist an solchem Krieg evangeliumsgemäß?

Wo ist noch der Unterschied zwischen Marx und Christus, wenn ich keine Verbindung mehr haben kann mit dem, der meinen Vater umgebracht hat, der mich haßt oder ausbeutet? Hat Jesus etwa nicht gesagt: *«Liebt eure Feinde, tut Gutes denen, die euch hassen?»* Was würde aus der christlichen Gemeinschaft, wenn sie den Klassenkampf als ihren Weg zur Befreiung der Unterdrückten wählen wollte?

Erinnern wir uns: Wenn ich dem nicht verzeihen kann, der mir Böses antut, wird auch Gott mir nicht verzeihen, wenn ich böse handle (man denke an das Gleichnis vom unbarmherzigen Knecht!).

Wenn ich dem Feind nicht vertraue, nicht auf seine Umkehr hoffe, wird Gott auch sein Vertrauen, den Heiligen Geist, von mir nehmen.

Was bin ich aber ohne Heiligen Geist?

Dies ist das Geheimnis der Kirche. Ich wende mich von diesem Geheimnis ab, wenn ich mein Herz vor dem verschließe, der mein Feind ist, und mich zum Richter erhebe über die Gemeinschaft der Kinder Gottes.

Das Geheimnis der Kirche – das Zusammen von Gut und Böse, Größe und Elend, Heiligkeit und Sünde – bin ich selber.

Vielleicht kann ich niemanden von allen, die in der Kirche leben, wirklich als «Kirche» bezeichnen, weil die Kirche sie alle überragt. Aber ich kann doch erleben, daß das, was sich ereignet in der Beziehung Gott-Kirche, zu unserem innersten, intimsten Besitz gehört.

Alles, was im Verhältnis zwischen Gott und dem Volk Israel, der Kirche, geschieht, wiederholt sich an uns. *«Dann wirst du mir angetraut auf immer»* (Hos 2,21). Das sagt Gott zu mir persönlich, wie er es auch zur Kirche sagt. Aber auch die Drohungen Gottes seinem Volk gegenüber gelten für mich ganz persönlich. Wenn man aufmerksam die Propheten liest, wird man es spüren.

Die Zahl der Drohungen Gottes und seiner Züchtigungen wird aber überstiegen von der Anzahl der Worte der Liebe. Gottes Barmherzigkeit ist immer größer. Denken wir an die Kirche und an unsere eigene Schwäche, so müssen wir sogar sagen, daß Gott größer ist als unsere Schwäche.

Und etwas anderes ist noch großartiger. Der Heilige Geist, die Liebe Gottes selbst, sieht uns als Heilige an, auch wenn wir Sünder und Lumpen sind.

Gottes Verzeihung macht sie alle durchsichtig und schön: Zachäus, den Sünder, Maria Magdalena.

Es ist, als ob das Böse den Menschen in seinem innersten Kern nicht beträfe, ist, als ob die Ewige Liebe nicht zuließe, daß die Seele beschmutzt wird.

«Mit ewiger Liebe habe ich dich geliebt, deshalb habe ich dir meine Huld bewahrt. Wiederum will ich dich aufbauen, und du sollst aufgebaut werden, Jungfrau Israel» (Jer 31,3–4).

Das sind Worte Gottes an jeden von uns. Er nennt uns «Jungfrauen», auch wenn wir von der Prostitution herkommen.

Darin ist Gott wirklich Gott, daß er der einzige ist, der alles neu machen kann.

Mich interessiert nicht so sehr das Neuwerden von Himmel und Erde. Wichtiger ist, daß er unsere Herzen «neu» macht.

Genau das tut Christus, genau das geschieht in der Kirche.

Wer will dieses Werk Christi behindern, indem er jemanden fortjagt aus der Versammlung des Gottesvolkes?

Wer wollte sich aufmachen, einen anderen «sichereren» Ort suchen, und so Gefahr laufen, den Heiligen Geist zu verlieren?

KAPITEL ELF

«Das ist mein Gebot, daß ihr einander liebt,
wie ich euch geliebt habe»
(Joh 15,12).

Es gibt eine Art und Weise, wie Gott liebt: die göttliche Liebe selbst.

Diese Liebe ist eine Person: der Heilige Geist.

Diese Liebe eint Vater und Sohn.

Diese Liebe wurde in uns ausgegossen an Pfingsten. Nicht allein mit Wasser sind wir getauft, sondern vielmehr mit dem Feuer des Heiligen Geistes – mit Liebe.

Wer den Heiligen Geist besitzt und auf ihn hört, begreift alles. Wer ihn nicht besitzt, ihn nicht hört, versteht nichts.

Licht und Finsternis in unserem Innern kommen von diesem Geist.

Er kam in das Chaos, und das Universum wurde geschaffen.

Er überschattete Maria von Nazareth, und das Fleisch der Frau wurde das Fleisch des Gottessohnes.

Die Menschwerdung ist Frucht des Heiligen Geistes und der Menschheit, die durch Maria vertreten war.

Das Kind, das dann geboren wurde, wurde Jesus genannt.

Er ist Gott, der in menschlichem Fleisch lebt. Deshalb ist er der Menschensohn und der Gottessohn zugleich.

Was er als Sohn des Menschen tut, tut er auch als Sohn Gottes.

Der einen Person Jesu gehören zwei Naturen an.

Jesus ist der menschgewordene Gott.

Jesus ist der mir nahe Gott.

Jesus ist mein Meister.

Was er tut ist die Norm, ist die Wahrheit.

Nach seinem Evangelium sollte sich jede Lebensweise auf Erden richten. Es ist das einzige Buch, das wir auswendig können sollten.

Es ist die Botschaft der Liebe.

«Das ist mein Gebot, daß ihr einander liebt, wie ich euch geliebt habe» (Joh 15,12).

Hier ist alles gesagt.

Ich kann nicht mehr einwenden: «Ich kann nicht lieben.» Die Liebe wurde mir ja geschenkt.

Ich kann auch nicht mehr fragen, was denn diese Liebe für mich sei. Er wird mir sagen: «Tu das, was ich getan habe! Liebe, wie ich geliebt habe!»

Wie hat er geliebt?

«Aus Liebe zu dir bin ich gestorben. Versuche auch du, für deinen Bruder zu sterben.»

Was heißt das? Soll es mit mir ein Ende haben wie mit Jesus?

«Nein, das möchte ich nicht. Es ist zwar gut, am Kreuz zu sterben. Nicht gut ist es aber, daß es Menschen gibt, die andere ans Kreuz bringen. Ich will dir erklären, was das heißt, für den Bruder sterben.

Tut Gutes denen, die euch hassen (Lk 6,27).

Wer dich auf die Wange schlägt, dem halte auch die andere hin, und dem, der dir den Mantel nimmt, verweigere auch den Rock nicht (Lk 6,29).

Seid barmherzig, wie euer Vater barmherzig ist (Lk 6,36).

Richtet nicht..., *verdammet nicht...*, *vergebet...*
(Lk 6,37).

Was siehst du den Splitter im Auge deines Bruders, doch den Balken in deinem Auge nimmst du nicht wahr? (Lk 6,41).

... und wer unter euch der Erste sein will, soll euer Knecht sein» (Mt 20,27).

Das müßte genügen. Aber Worte vergessen wir immer wieder. Darum bringt Jesus auch konkrete Beispiele:

«Denke an das Gleichnis vom verlorenen Sohn. Passiert dir einmal etwas ähnliches, dann verfahre mit deinem Sohn wie der Vater aus dem Gleichnis. Das ist eine Weise, wie man für den eigenen Sohn sterben kann.

Erinnere dich daran, wie jener Mann auf dem Wege nach Jericho überfallen und halbtot liegengelassen wurde. Viele handeln heute ähnlich, wie sie Verwundete auf der Straße liegenlassen – aus Angst, das Auto könnte mit Blut besudelt werden, oder sie würden Zeit verlieren.

Halte doch an, hilf deinem Bruder. Dann stirbst du in gewisser Weise für ihn.

Oder denke an das Gleichnis vom Knecht, dem sein Herr ein ganzes Vermögen nachgelassen hatte. Er war nicht in der Lage, seinem Kollegen ein paar Groschen Schuld nachzulassen.

Handle nicht so! Vergiß die Schuld der andern, so stirbst du ein wenig für sie.»

Aber das alles sind Gleichnisse. Jesus könnte uns auch sagen, was er selbst erlebt hat:

«Die Sache mit Judas hat mich sehr beschäftigt, ich habe viel gelitten deswegen. Schließlich hatte ich ihn auserwählt wie alle anderen!

Aber er wollte nicht eintreten in mein Reich, wollte den Forderungen der Frohbotschaft nicht genügen.

Ich wußte, daß er mich verraten würde. Schon nach der Brotrede in Kapharnaum war ich mir dessen sicher.

Trotzdem habe ich ihn ertragen und behandelt wie die anderen, habe ihn auch weiterhin geliebt.

Ich hätte ihn loswerden können. Er hatte ja aus der Gemeinschaftskasse gestohlen. Ich hätte ihn nur anzuzeigen brauchen. Ich habe nichts getan, denn jeder Mensch muß in seinen Entscheidungen ganz frei bleiben.

Das ist auch der Grund, warum mein Vater niemals die Menschen am Sündigen gehindert hat, obwohl er es könnte. Mein Vater ist nämlich kein Diktator. Er achtet die Freiheit.

Auch ich habe meinem Bruder Judas die Freiheit gelassen, mich zu verraten.

Und er hat mich verraten.

Als er mit den Soldaten in das Versteck kam, das er kannte, hat er mich noch umarmt und geküßt.

Meine Jünger sollen lernen, daß sich das Reich, das wir zusammen bauen, sehr von anderen Reichen unterscheidet. Es ist nämlich ein Reich wahrer, nicht falscher Liebe.

Wahre Liebe ist etwas Seltenes und schwer zu leben.

Es geht darum, selbst zu sterben, nicht, andere umzubringen. Den anderen das Schwert ins Herz stoßen, geht viel zu leicht. Etwas anderes ist, wenn man es sich selbst ins Herz stößt.

Darin besteht meine Revolution, deshalb bin ich den Weg bis ans Kreuz gegangen.

Ich hätte mich ja so leicht befreien können!

Aber ich wollte denen keine Hoffnungen machen, die in der Frohbotschaft die Grundlage für ein Reich auf dieser Erde sehen.

Der Mensch unterliegt immer den gleichen Illusionen: herrschen, regieren, stark sein, niemanden und nichts brauchen, nie krank sein, nie sterben, immer siegen. Die Wirklichkeit ist aber anders.»

Worin besteht diese Wirklichkeit?

«Mein Reich ist nicht von dieser Welt» (Joh 18,36).

Die Wirklichkeit heißt, daß es einen Weg gibt, zu dem der Tod die Tür ist.

Die Wirklichkeit heißt, daß es keine Auferstehung gibt ohne vorangehenden Tod.

Meine Freunde vergessen das leicht, aber es ist so.

Dabei geht es nicht so sehr um den Tod als letzten Akt des Lebens, sondern um einen Tod, der euch an mich angleicht. Jeden Tag muß man ja zu ihm sagen, um jeden Tag aufzuerstehen.

Seit meinem Tod am Kreuz sind auch die Kinder meines Reiches gestorben, sind begraben in meinem Tod. Seit meiner Auferstehung sind sie mit mir auferstanden. Ich habe Tod und Auferstehung nicht voneinander lösen können. Auch sie können es nicht.

Über die Auferstehung zu jubeln, ist nicht schwer. Ungerecht ist es aber, den Tod mit mir nicht erleiden zu wollen, auch wenn es einiges kostet.

Lieben ist deshalb so schwer, weil die Menschen auferstehen wollen, ohne vorher zu sterben.

Wenn man unter Liebenden nicht auch bereit ist, füreinander zu sterben, wird die Liebe bald schwinden.

Ist man aber bereit zum Tod für den Bruder, so erreicht die Liebe zu ihm die Fülle und bekommt Ewigkeitswert. Wer liebt, muß zum Tod bereit sein.

So habe ich gelebt und bin für euch gestorben.

Und meine Liebe ist ewig, unbesiegbar.

Handelt auch ihr, wie ich gehandelt habe, liebt, wie ich geliebt habe! Dann werdet ihr erkennen, was Seligkeit bedeutet! Und vergeßt nicht: Eine Tat der Barmherzigkeit wiegt schwerer als alle Diplomatie, die ihr in euren Beziehungen so gerne walten laßt!

Besser ist es, zu verlieren als zu gewinnen. Verlieren heißt hier: sich herabbeugen zum Bruder.

Es gibt ein Geheimnis, das zeigt, wie man auf dem Weg der Liebe rasch vorankommen und dabei Friede im Herzen haben kann:

- Verlangt danach, bei denen, die ihr liebt, immer den letzten Platz einzunehmen.
- Macht euch gerne klein und gering, wie ich es getan habe, obwohl ich Gott bin.
- Sorgt euch darum, zu lieben, nicht geliebt zu werden.
- Sucht nicht die Ehre bei den Menschen, sondern den Dienst an ihnen.
- Vertraut nicht auf Waffengewalt, auch nicht, wenn das Ziel Revolution heißt.
- Glaubt an die Gewalt der Liebe.
- Nehmt euch nicht vor, die Welt zu bekehren, sondern kehrt selbst um.
- Je kleiner und ärmer ihr seid, desto glücklicher werdet ihr sein.
- Wenn die Liebe euch ans Kreuz schlägt, dann denkt daran, daß ich euch nahe bin!»

KAPITEL ZWÖLF

> *«Bleibet in meiner Liebe»*
> (Joh 15,9).

Bitte, Jesus, rede noch weiter zu mir.

Du hast mir das Gesetz der Liebe – deiner Liebe – gegeben und hast mir zu verstehen gegeben, daß du das Gesetz, du die Frohbotschaft, du die richtige Art der Liebe bist.

Hilf mir Jesus, in deine Fußstapfen zu treten! Laß mich nicht allein!

«Warum sagst du das? Ich lasse dich nicht allein, ich kann es nicht, ich wohne ja in dir.»

Aber ist das nicht nur eine Phrase, so wie es hier bei uns üblich ist? Steht die volle Wahrheit dahinter?

Bist du wirklich und wahrhaftig in mir?

Das ist doch so geheimnisvoll.

«Ja, mein Bruder, ich bin in dir. Wozu wäre mein Tod – mein Tod aus Liebe – gut gewesen, hätte er nicht diese Wirklichkeit unserer Einigung mit sich gebracht?

Ich bin gestorben, damit es keine Trennung mehr gibt, ich wollte ein Reich haben, wo jeder, *der mit mir sein möchte, auch wirklich mit mir ist.*

Es ist mir leicht, bei euch zu sein, denn ich liebe euch. Ihr seid es, die oft vor mir fliehen, die mir nicht nahe sein wollen.

Ist es nicht so?»

Jesus, du hast recht. Ich verstehe immer besser die Worte, die du beim letzten Abendmahl gesagt hast: *«Wer meine Gebote hat und sie hält, der ist es, der mich liebt. Wer mich aber liebt, wird von meinem Vater geliebt werden, und ich werde ihn lieben und mich ihm offenbaren»* (Joh 14,21).

Damit du dich mir offenbarst, muß ich dich lieben. Das ist der normale Weg.

«Lies ein Stückchen weiter im Johannesevangelium — *‹Wenn einer mich liebt, wird er mein Wort bewahren, und mein Vater wird ihn lieben, und wir werden zu ihm kommen und Wohnung bei ihm nehmen›* (Joh 14,23).

Johannes hat nicht vergessen, was ich an jenem Abend gesagt habe.

‹Wir werden Wohnung bei ihm nehmen.› Der Vater und ich, wir wohnen in den Menschen, die glauben und mein Wort hören.»

Jesus, wie kann das geschehen?

Du bist doch von der Erde weggegangen, bist gestorben, auferstanden und dann zum Himmel aufgefahren.

«Johannes hat alles aufmerksam verfolgt.

‹Ich werde euch nicht als Waisen zurücklassen› (Joh 14,18).

Was ich sage, ist wahr. Wenn ich gesagt habe, daß ich zu euch zurückkehre, dann heißt es, daß ich wirklich zurückkommen und bei euch bleiben will.

Dies ist mein Heilsplan, der seit Beginn der Welt immer mehr erfüllt wird.

Und das ist das Reich: *Ihr in mir und ich in euch.* Mein Tod hat jede Trennung beseitigt. Deshalb habe ich euch gesagt: *‹Das Reich Gottes ist mitten unter euch›* (Lk 17,21).

Wie die Kinder sucht ihr den Himmel in der Gegend des

Mondes und der Sterne. Um ihn zu sehen, zu spüren und zu erleben, braucht ihr doch nur hineinzuschauen in euch selbst. Ich bin der König, der in euch lebt. Zusammen bilden wir das Reich, das *jetzt schon* existiert, auch wenn es noch sichtbar und der ganzen Schöpfung offenbart werden muß.»

Jesus, wie bist du in mir? Wie bist du zurückgekehrt zu mir?

«In meinem Tod habe ich die Welt verlassen, bin aber zurückgekommen im Heiligen Geist. Er ist die Liebe Gottes in euch. Deshalb habe ich euch gesagt, daß Gott in euch wohnt.»

Jesus hilf mir, das niemals zu vergessen.

Laß mich immer mit dem Bewußtsein deiner Gegenwart in uns leben, die auch die Gegenwart des Vaters ist. Laß mich immer Mut schöpfen aus dem Wort: *«Bleibet in meiner Liebe!»* (Joh 15,9).

In deiner Liebe wollen wir bleiben, alles in deiner Liebe tun. Darin liegt der wichtigste Schlüssel, die Quintessenz unseres Christseins. Dir sind wir gleichgestaltet und sind deine Träger, mit dir sind wir begraben, auferstanden und verherrlicht.

«Weißt du, warum ihr dauernd auf dem falschen Weg seid, immer wieder von vorne beginnen müßt? Weißt du, warum ihr in ständiger Angst und Unentschlossenheit lebt?

Weil ihr nicht an die Tatsache glaubt, daß ich in euch bin und ihr in mir. Ihr denkt, das sei nur eine Redewendung.

Ich bin wirklich in euch, lebe in euch. Ihr bemerkt es nur nicht, nehmt es nicht zur Kenntnis.

Wann hält schon jemand inne und bleibt stehen vor mir, der ich in ihm lebe?

Warum tut ihr so viel, warum lärmt und schwätzt ihr so viel?

Alles tut ihr, nur das Wichtigste nicht: Ihr kommt nicht zu mir in euch, ihr seid nicht still und hört mir nicht zu.

Ich könnte euch sagen, was ihr tun sollt.

Ihr seid aber davon überzeugt, schon alles zu wissen und tut die Dinge über mich hinweg.

‹*Ohne mich könnt ihr nichts tun.*› Diesen wichtigen Satz hättet ihr nicht vergessen dürfen. Damit habe ich nicht sagen wollen, daß ihr ohne mich nicht etwa Flugzeuge bauen und Brot backen könntet!

Ich wollte sagen, daß ihr nur durch mich, die Türe, ins Reich eingehen könnt. Nur mit mir, der ich das Licht bin, könnt ihr sehen. Ohne mich könnt ihr in meinem Reich nichts Lebendiges hervorbringen.»

Was schmerzt dich am meisten, Jesus, wenn du uns anschaust, uns, die wir dir doch folgen sollen?

«Am meisten schmerzt mich euer Unglaube. Ihr lest das Evangelium wie ein Märchenbuch, glaubt nicht an das, was ich gesagt habe. Wäret ihr gläubig, dann würdet ihr an mich, die lebendige Gegenwart in euch, glauben – nicht als einen schönen Slogan voller Romantik.

Glaubtet ihr wirklich, daß ich in euch bin, und würdet ihr Ernst machen mit dem Satz ‹*Bleibet in meiner Liebe*›, dann wären alle eure Probleme sofort gelöst. Ihr wärt etwas normaler und nicht mehr so komische Christen.

Wenn ihr handeln sollt, dann geht ihr beten. Wenn ihr beten und überlegen solltet, seid ihr geschäftig.

Niemals liegt ihr richtig, denn ohne mich könnt ihr nicht klar sehen.

Häufig macht ihr aus dem Gebet einen Götzen, eine Institution, eine rhetorische und sinnlose Sache, die man tut, weil sie in der Regel steht. Ihr solltet an meine Gegenwart in euch appellieren, die doch die Gegenwart der Liebe selbst ist, solltet in die Tiefe eures Innern, wo ich lebe, einkehren. Ihr solltet mir zuhören, so wie Maria mir zugehört hat. Dann würdet ihr auf einmal wissen, was das ist, Beten. Ihr könntet es nicht mehr entbehren, wie ich den Vater nicht entbehren kann.

‹*Ihr in mir, wie ich im Vater, damit wir vollkommen eins seien.*› Das erst kann man Liebe nennen.

Kommen wir jetzt auf euer Tun zu sprechen. Da ist euer Irrtum ohne Grenzen.

Ihr handelt immer so, als hinge alles von euch ab. Ihr verhaltet euch, als ob die Schöpferkraft, die Kreativität, bei euch läge, als ob ihr der Schöpfer wäret.

Der seid ihr aber nicht, denn es gibt nur einen Gott.

So seid ihr immer auf dem falschen Weg.

Hier liegen auch die Ursachen eurer Angst. Sie kommt aus eurer Selbstsicherheit.

Sie ist eines der Hauptleiden in der heutigen Kirche. Besonders die ‹Großen› und die ‹Starken› in ihr, sind von dieser Angst befallen. Sie fürchten, alles bräche nun zusammen, es wäre alles aus . . .

So denkt man eben, wenn man über lange Zeit hin nur auf sich selbst vertraut hat oder auf irgend etwas Geschaffenes – sei es auch etwas Gutes, sei es die Kirche selbst.

Gott allein kann Vertrauen verlangen, denn er ist eben Gott.

Hinge alles von den Menschen, von ihrer Weitsicht und Tüchtigkeit ab, dann wäre es mit der Kirche noch in Jerusalem zu Ende gegangen.

Tausendmal wäre die Kirche zersplittert, wäre zu Staub geworden, wäre sie nicht von dem ihr innewohnenden Geist gehalten worden.

Hätten die Päpste und Bischöfe nur immer gebetet!

Hätten die Priester doch immer dem Gebet vertraut, sie, die doch ganz vorne an der Front stehen, wo sich der Kampf zwischen Gut und Böse entscheidet!

Ich hätte sie alles gelehrt, hätte sie vertraut gemacht mit den Geheimnissen ihres Herzens und der Geschichte.

Beten heißt freilich nicht, daß man den ganzen Tag auf den Knien liegt, fertige Formeln herunterleiert oder Riten feiert. Beten heißt letztlich, um die eigene Schwäche einerseits und um Gottes Allmacht andererseits zu wissen.

Beten heißt, an die Verheißung glauben, die in der Heilsgeschichte liegt, nicht an die Macht der Organisation oder an die Schläue der Menschen.

Beten heißt lieben, alles aus Liebe tun. Es heißt nicht, Schlange zu stehen bei Liturgien, die zu bloßer Angeberei zu werden drohen, wenn sie nicht beseelt sind vom entschiedenen Willen, nur das zu tun, was Gott will.

Hätten die Christen gebetet, dann hätte sie die Welt erkannt. Sie hätten sich auffällig unterschieden von den Heiden.

Gibt es so noch Unterschiede zwischen beiden?

Und warum sieht man keine Freude mehr auf den Gesichtern der Christen?

Frohbotschaft heißt doch Botschaft der Freude, Botschaft des Heils!

Warum heute eine so traurige Kirche?

Warum so viele langweilige Priester? Warum muß man sich nach ihrer Identität und Existenzberechtigung fragen?

Darauf gibt es nur eine Antwort: ‹*Mich haben sie verlassen, den Quell lebendigen Wassers, und haben sich Zisternen gegraben, rissige Zisternen, die das Wasser nicht halten*› (Jer 2,13).

‹Kehrt zurück zu mir›, würde der Prophet im Namen Gottes sagen. Seht zu, ob ich es nicht fertigbringe, daß ich euch ‹*die Schleusen des Himmels öffne und über euch den Segen in Überfluß ausgieße*› (Mal 3,10).

‹*Ist denn meine Hand zu kurz, um zu erlösen*› (Js 50,2), kann ich euch nicht helfen?»

Bleiben wir in der Liebe Jesu, wie er in der Liebe des Vaters bleibt (vgl. Joh 15,10)!

«Verlaßt eure Götzen, sie können euch nicht helfen.

Glaubt nicht an die Macht des Geldes und der Großen. Verlaßt euch nur auf Gott!

‹*Bleibt in meiner Liebe, denn ich habe die Welt überwunden*› (Joh 16,33).

Laßt euch nicht auf diese Welt ein, die nur Macht und Reichtum bedeutet. Sie ist eine Welt des Bösen (vgl. 1 Joh 5,19), für die ich nicht beten wollte (vgl. Joh 17,9).

Beginnt euren Alltag nicht mit der Lektüre der Zeitung. Ihr macht euch so, wenn auch unbewußt, zu Sklaven der öffentlichen Meinung. Beginnt ihn mit Gebet:

‹Wach auf, meine Seele, Psalter und Harfe, wacht auf!
Ich will das Morgenrot wecken!› (Ps 108,3).

So haben es alle getan, die in der Geschichte meine Gegenwart aufleuchten ließen!

‹Kommt zu mir, alle, die ihr mühselig seid und beladen: Ich will euch erquicken. Nehmt mein Joch auf euch und lernt von mir, denn ich bin sanft und demütig von Herzen, und ihr werdet Ruhe finden für eure Seelen. Denn mein Joch ist sanft und meine Last ist leicht› (Mt 11,28–29).

Wer zu mir kommen will, braucht sich nicht einmal auf den Weg zu mir zu machen, denn ich bin ja schon in euch. Ich bin in eurem innersten Kern, der zugleich mein Himmel und euer Himmel ist.

Da ist der Ort der Begegnung zwischen euch und mir, zwischen euch und dem Heiligen Geist, der aus uns Dreifaltigkeit und aus euch Einheit macht.»

KAPITEL DREIZEHN

«Sei gegrüßt, du Begnadete!
der Herr ist mit dir»
(Lk 1,28).

Jesus, um eins wage ich dich noch zu bitten: Sprich mir von deiner Mutter. Ich kann es selbst nicht, ich glaube, darüber kann ich nicht einmal nachdenken.

Meine eigene Mutter hat mich als Kind zum Rosenkranz angehalten. Damals war das Rosenkranzgebet in der Kirche noch gebräuchlich. Mich schläferte es damals ein, aber dennoch brachte es mir Frieden ins Herz.

Dann kam die Zeit, in der wir das «Nachdenken» lernten. Das hat uns zwar nicht eingeschläfert, aber mit Erfüllung, Friede und Freude war es vorbei. Und vor allen Dingen war es mit deiner Mutter vorbei.

Viele von uns spüren nichts mehr von ihrer Nähe, wissen ihr nichts mehr zu sagen. Manch einer möchte nicht, daß sie noch eine Rolle spielt in seinem Gespräch mit dir. Ihre Verehrung ist ihm Übertreibung, Gefühlsausdruck, Unernstes . . .

Ich möchte erst gar nicht von denen reden, die zu jeder passenden und unpassenden Gelegenheit den Mund voll nehmen von ihr, in der Meinung, man wäre kein guter Christ, wenn man von ihr nicht spricht.

Über kaum etwas anderes hat man so viele Worte gemacht wie über deine Mutter.

Ist es nicht so?

Sprich du nun von ihr! Sag mir, ob sie als Mutter bei uns ist, wie sie auch bei dir war, als du noch klein warst.

«Bevor ich etwas von ihr sage, sollt ihr wissen, warum ihr ihre Nähe immer weniger spürt und immer mehr Bedenken habt, den Rosenkranz zu beten, warum dieses einfache, kindliche und doch so tiefe Gebet euch so langweilig erscheint.

Ihr seid zu intellektuell geworden, zu schlau. Ihr seid mehr Schüler von Descartes als Kinder von ihr geworden.

Versteht mich bitte nicht falsch!

Es ist natürlich nichts Böses, in der wissenschaftlichen Forschung, Verstand und Vernunft zu gebrauchen. Dafür sind sie das beste Werkzeug.

Alles, was sichtbar ist, kann und muß von der Vernunft beherrscht werden. Eine Anmaßung aber ist es, auf diese Weise auch die Geheimnisse Gottes verstehen, mit diesem Werkzeug das Unsichtbare durchdringen zu wollen.

So viele Jahrhunderte sind vergangen, und immer wieder verfallt ihr dem gleichen Irrtum; Ihr verwechselt Verstand und Glauben. Um in den Himmel einzudringen, wollt ihr euch einer sehr begrenzten Sache bedienen: der menschlichen Vernunft.

Der Glaube entspricht der Dimension Gottes, der Verstand aber ganz der des Menschen.

Der Glaube erschließt euch die Geheimnisse des Himmels, der Verstand die der Erde.

Der Glaube führt euch hin zu meiner Gegenwart, der Verstand zu den Dingen dieser Welt.

Wenn es möglich wäre, mit Hilfe des Verstandes in die Geheimnisse des Himmels einzudringen, was wäre dann mit denen, die damit weniger ausgestattet sind?

Meine Mutter war eine einfache Frau. Einfach wie alle Frauen ihrer Zeit. Sie wußte nicht, ob die Erde rund ist oder eine Scheibe.

Sie hätte unter dieser Voraussetzung nicht zu mir gelangen können.

Der Glaube aber hat meiner Mutter geholfen und hat sie getragen. Durch ihn und mit ihm konnte sie das Unsichtbare begreifen. In seiner Kraft konnte sie, auch ohne zu begreifen, ihr Ja sagen und große Schwierigkeiten meistern.

Ich möchte sagen: Ihr liegt nicht auf der gleichen Wellenlänge mit meiner Mutter. Deshalb spürt ihr nichts von ihrer Nähe. Ihr habt Angst, aus dem Glauben zu leben, versucht, eure Beziehungen zu Gott mit dem blassen Licht eures Denkens zu erhellen.

So aber findet ihr die Türen verschlossen.

Meine Mutter war eine Frau des Glaubens. Deshalb, nur deshalb kann sie euch Mutter und Lehrerin sein.

Versetzt euch ein bißchen in ihre Lage, wenn ihr sie begreifen wollt, wie sie das Zusammenprallen von Glauben und Vernunft, Sichtbarem und Unsichtbarem gemeistert hat.

Von einem Engel zu hören, daß sie die Mutter Gottes werden sollte, ist vielleicht recht schön und interessant. Weniger schön war es für sie, sich jetzt mit Josef, ihrem Bräutigam, zu verständigen, der die Reichweite dessen, was sich in ihr vollzog, absolut nicht begreifen konnte.

Lichtschimmer über der Hütte in Bethlehem haben sie vielleicht etwas ermutigt. Aber wie wurde ihr Verstand mit der Ermordung unschuldiger Kinder durch die Soldaten des Herodes fertig?

Sie stand mir sehr nahe, wußte um meine Berufung. Wie aber konnte sie das Gebrüll der Menge verstehen, die meinen Tod forderte?

Es war wohl keine Sache des irdischen Verstandes, einen

Leichnam auf dem Schoß liegen zu haben und doch an meine Auferstehung zu glauben.

So war es immer: Meine Mutter lebte ganz aus dem Glauben, lebte aus der Liebe zu Gott, der ihr das schwerste und härteste Leid nicht ersparte.

Im Gegensatz zu meiner Geburt in Bethlehem war die Geburt der Kirche auf Golgotha unvergleichlich schmerzlicher. Da mußte sie zuerst den Weg nach Kalvaria zurücklegen, mußte das Unverständnis der Menschen, aller Menschen, auch der nahestehenden, erleben. Hier ist die Bezeichnung ‹Mutter der Kirche› gerechtfertigt.

Immer verharrte sie im Dunkel des Glaubens, wie in einer Nacht. Und dies während ihres ganzen Lebensweges bis zu ihrem Tod!

Erst dann, als ich ihr entgegenkam, konnte sie aufatmen – war doch ihr Kampf unvergleichlich hart. Kein Geschöpf auf Erden hat Ähnliches durchgemacht.

Noch etwas anderes kann euch meine Mutter lehren. Sie zeigt euch, *wie man lebt.*

Wir kommen hier wieder zu dem Hauptfehler eurer Zeit, die euch eben zu Kindern des Descartes gemacht hat und euch die Nähe meiner Mutter nicht mehr erleben läßt.

Aus der Heilsbotschaft, dem Evangelium, macht ihr eine Idee. Von Ideen lebt ihr, aus Ideen ernährt ihr euch, für Ideen allein habt ihr Interesse, mit ihnen verbringt ihr eure Tage.

Ich bin aber nicht gekommen, um euch eine Idee mitzuteilen. Ich bin gekommen, um euch das Leben zu bringen.

Was könnt ihr von meiner Mutter noch lernen? Sie war keine Frau mit Ideen.

Sie *lebte.*

Ihr Leben war ich.

In ihrem Leib trug sie keine Idee, sondern mich, der ich das Leben selber bin.

Leben entwickelt sich auf eigene Weise. Es ist die Frucht von Liebe, nicht von Problemen. Es besteht aus Kampf und Blut, nicht aus Worten.

Kommt man zu einer Gruppe aus euren Kreisen, die sich ‹aktiv› nennt, so hört man immer nur Worte.

Wie solltet ihr meine Mutter verstehen, die nie Worte gemacht hat?

Der Unterschied zwischen Worten und Leben – zwischen Schwätzen und Leben – ist der zwischen dem Sein und dem Nichts, zwischen Liebe und dem Reden über Liebe, zwischen Beten und Erörterungen über Gebet, zwischen Essen und Reden über Essen.

Ihr macht nur Worte über Liebe und Gebet, anstatt zu lieben und zu beten.

Meine Mutter tat das Gegenteil: Sie betete, schwieg und liebte. So konnte sich das göttliche Leben in ihr entwickeln.

Außerdem war etwas in ihr, das ihr ganz vergessen habt:

Sie sprach nicht von mir, sondern schaute mich an. Sie studierte nicht Theologie, sondern hörte zu. Sie fühlte sich nicht als Missionarin, sondern ‹*bewahrte alle diese Worte in ihrem Herzen*› (Lk 2,51).

Ihr redet immerzu von mir, ohne mich zu kennen, stundenlang wälzt ihr theologische Bücher, seid aber nicht bereit, einen Augenblick mit mir im Schweigen zu verbringen. Ihr wollt die Welt retten, tut aber nichts, damit ein wenig Friede und Freude in euer Herz einkehre.

Auf der Suche nach dem ewigen Leben, das ich selber bin (vgl. Joh 14,20), werdet ihr meiner Mutter begegnen. Sie hat nichts anderes getan, als das göttliche Leben in sich getragen, um es der Welt zu schenken. Ich war ihr Himmel, war ihr Innerstes. Ich war ihr Gebet und ihre Eingebung, ich war ihr Tun.

Das genügte ihr.

Sie war glücklich, auch wenn ihr das Schwert ihres Mutterseins ständig im Herzen schmerzte, Mutter eines Gottes!

Sie maßte sich nicht an, wie ihr es hingegen tut, die Weltgeschichte umzugestalten. Sie lebte bescheiden und verborgen und überließ Gott allein das Regiment.

Sie glaubte, vor Gott nichts zu sein, bespiegelte sich nicht in ihrer Selbstverantwortung, wie ihr das tut.

Im Grunde habt ihr Angst, wie euch die Geschichte einmal beurteilen wird, euch und euren Hochmut, der euch auf solche Gedanken bringt.

Sie hatte diese Angst nicht. Einfach und schlicht verbrachte sie Tag für Tag, wie es die Armen tun, jene, die wissen, daß sie keinen Einfluß auf die Ereignisse haben.

Ihr seid ständig in Sorgen, meine Mutter war in ihrer Niedrigkeit ganz frei. Dazu ein Beispiel:

Auf einer Wallfahrt nach Jerusalem verbarg ich mich. Sie verlor mich.

Hättet ihr mich auch verloren?

Nein, ihr hättet mich fest angebunden, hättet mir nicht die geringste Freiheit gelassen, damit die Geschichte nicht urteilen könnte, ihr wäret zerstreut gewesen.

Meine Mutter konnte mich verlieren. So frei war sie in all ihrer Demut.

Diese ihre Niedrigkeit, diese ihre Fähigkeit, sich selbst nicht als Mittelpunkt zu betrachten, hat sie für mich so anziehend gemacht.

Kein Geschöpf war so demütig wie meine Mutter!

Und das machte ihre Größe vor Gott aus.

Ihr fühlt euch meiner Mutter nicht nahe, könnt es auch nicht, bevor ihr eure Herzen nicht bekehrt habt.

Das Leben meiner Mutter ist das große Beispiel eines Lebens in Demut. Euer Leben ist nur beispielhaft für große Worte und Eitelkeit.

Meine Mutter ist Lehrerin des Glaubens und der Hingabe an Gott. Ihr lehrt nur kalte Verstandestätigkeit und Unzulänglichkeit.

Meine Mutter war arm und frei. Ihr seid reich, Sklaven eurer Kultur und eures vergifteten, traurigen Wohlstandes.»

«Was war meine Mutter?
Was hat mit ihr begonnen?
Was hat sie gelebt?
Das Reich Gottes!
Sie lebte das Reich Gottes, mit ihr hat es auf Erden begonnen.

Erstmals in der Geschichte gelangte das Verlangen Gottes von Ewigkeit her zur Erfüllung – das Verlangen bei den Menschen zu leben. Sie war das erste Zelt, in dem Gott wie in seinem Haus in Frieden bei den Menschen leben konnte.

Von Ewigkeit her war es Gottes Wunsch, sein Zelt bei den Menschen zu haben. Er wollte schon immer mit ihnen leben in einem Reich des Friedens, wo es Krieg und Unglück nicht geben sollte.

Nie war es ihm gelungen, keiner war bereit, Zelt Gottes zu sein, uneingeschränktes Herrschaftsgebiet zu werden.

Viel zu viele Götzen erschwerten seine Entscheidungsfreiheit.

Meine Mutter war die erste, die sich ganz und bedingungslos Gott schenken konnte und wollte: ‹Siehe, ich bin die Magd des Herrn. Mir geschehe nach deinem Wort› (Lk 1,38).

Zum ersten Mal hört Gott ein solches Wort von einem Menschen.

Alle anderen hatten immer nur Diskussionen oder Weigerungen parat, als ob das Reich Gottes weniger interessant wäre als dies der Erde, als ob es schmackhafter sei, unter Menschen zu sein als bei Gott.

Meine Mutter war der totalen Hingabe fähig, der radikalen Demut und des absoluten Realismus.

So konnte sie mich empfangen, mir in ihr selbst ein Stück meiner himmlischen Heimat geben.

Der Traum eines Gottes ging in ihr in Erfüllung, die Erde zum Himmel zu machen: ‹wie im Himmel, so auf Erden› (Mt 6,10).

Wenn ihr Ja zu mir sagt, dann ist Himmel in euch. Wollt ihr ‹Zelt Gottes› werden, sagt ja dazu, daß ich in euch bin, so wie es meine Mutter getan hat.

Dies ist schon der ganze Heilsplan, ist bereits das ganze Geheimnis Gottes, ist das Unterpfand seiner unendlichen Barmherzigkeit, ist Größe des menschlichen Daseins.

Meine Mutter steht am Anfang von all dem. All das begann in ihrem Fleisch.

Der Weg zu dieser Wirklichkeit führt über sie.

Deshalb ist meine Mutter auch eure Mutter.

Wenn ihr Ja zu ihr sagt, werden ihr geheiligt sein. Heiligkeit ist nichts anderes als das Wohnen Gottes in euch und dessen bewußte Bejahung.

Dann werdet ihr alles verstehen als notwendige Folge eures Lebens und eurer Antwort auf das Angebot der ewigen Wahrheit. Dann werdet ihr Frieden haben. Dieser Friede ist die Folge der Ordnung, die ich zwischen dem Himmel, der ich bin, und der Erde, die ihr seid, gesetzt habe.

Nichts mehr wird euch ängstigen, denn ihr seid in göttlicher Heimat, im vollendeten Reich.»

«Noch eines kann euch meine Mutter geben, etwas, das in dieser säkularisierten und schwierigen Zeit besonders wichtig ist: die Kraft, in Liebe zu leiden.

Diese Kraft war in ihr ohne Grenzen. Sie kam aus ihrer Berufung, Leben hervorzubringen.

Es ist nicht leicht, Leben im Land des Todes zu erwecken, in einer unwirtlichen Wüste, im Herzen des Sünders.

Schrecklich ist der Anblick eines Menschen, der von den Dämonen der Machtgier, des Geldes und der Wollust besessen ist.

Wie läßt sich dieses Chaos in den Himmel verwandeln? Wie kann man solch raffinierten Egoismus in Großmut, solch absolute Knechtschaft in Freiheit umgestalten?

Dazu ist nur eines zu tun: Leiden, einfach leiden, so wie Mütter für ihre undankbaren Kinder, wie Unschuldige für ihre Folterer, wie Arme für ihre Ausbeuter leiden.

Viel Leidenskraft muß man dabei aufbringen, um der Versuchung des Hasses zu widerstehen, damit dem großen Leichenberg nicht noch mehr Tote hinzugefügt werden.

Denn, wenn schon die Mutter gegen ihren Sohn aufsteht, wer wird diesen Sohn dann retten können?

Wenn auch der Schuldlose zurückschlägt, wer stoppt dann den Teufelskreis der Gewalt?

Wenn der Arme seinen Ausbeuter tötet, wird es dann auf Erden keinen Armen mehr geben?

Ich meine den Armen des Evangeliums, der ins Himmelreich eingeht.

Ich meine die Armut als einzigen Weg, der zum Leben Gottes führt.

Ich meine die Armut als Seligkeit: ‹Selig die Armen im Geiste, denn ihrer ist das Himmelreich› (Mt 5,3). Ich meine die Armut als schlichte, ja beglückende Annahme des eigenen Gefangenseins, des eigenen Schmerzes, der eigenen Schwäche, bis hin zum eigenen Tod.

Arm sein, das heißt doch nicht einfach kein Geld haben!

Die Armut des Menschen ist seine eigene Natur, ist sein Stand, ist das Menschsein schlechthin.

Sie ist der Durst nach dem Leben, das man noch nicht

besitzt, ist die Suche nach dem Absoluten, in dem man das Zeitliche noch erleiden muß, ist der Hunger nach Gott, bevor man Gott noch hat. Sie ist das Verlangen nach Auferstehung, während man noch in der Gewalt des Todes ist. Darauf allein basiert die Beziehung Gott – Mensch.

Ohne Armut vermag sich der Mensch nicht einmal zu Gott hinzubewegen, ohne sie wäre kein Verlangen zu spüren. Ohne sie würde der Mensch sich selbst zum Gott machen, würde sich selbst anbeten, würde zu Grunde gehen in fortwährender, totaler Gotteslästerung.

Ohne sie würde der Mensch zu Satan.»

«Damit der Mensch nicht zum Teufel wird, hat Gott ihm die Armut zum ständigen Erbteil gegeben, zum Nährboden seines Wachstums, zum Ort seiner Heilung, zur Kraft seiner Berufung.

Ihr werdet das Haus auf der einen Seite reparieren, und auf der anderen werden neue Risse entstehen.

Sieben fette Jahre werden eure Speicher füllen, sieben magere werden den Vorrat wieder aufzehren. Von einer Krankheit gerade genesen, wird sich schon eine neue in euch bemerkbar machen.

Einem eurer Brüder werdet ihr zu Hilfe eilen und drei andere werden als Opfer der Ungerechtigkeit hinter euch zu Boden stürzen.

Ihr werdet tausend gute Werke tun, werdet es aber nicht fertigbringen, daß euch eure Kinder gehorchen und eure Frauen mit euch in Frieden leben.

Ihr werdet euch so großartig fühlen, daß ihr meint, alle Menschen retten zu können, werdet euch aber selbst nicht von einer Leidenschaft befreien können, die euch vergiftet und prostituiert.

Es werden euch viele zujubeln, ihre Stimme für euch bei der

Wahl abgeben, aber kaum an die Macht gekommen, werdet ihr die Ohnmacht in euch erfahren. Ihr werdet Angst haben, ihr werdet nicht fähig sein, die einfachsten Alltagsprobleme zu lösen und den Notdürftigen Hilfe zu bringen.»

«Das ist Armut – und das Leiden ist ihr Preis.

Die Fähigkeit, aus Liebe zu leiden, eint aufs engste das Sichtbare mit dem Unsichtbaren, die Schwäche mit der Allmacht, das Nichtsein mit dem Sein selbst, die Erde mit dem Himmel.

Diese Nahtstelle, geschweißt durch das Feuer des Schmerzes, wird zum Ort des unsichtbaren Reiches Gottes.

Mehr noch, diese Schweißstelle ist der neue Himmel und die neue Erde, die von der Schrift verheißen wurden und auf die unsere einzige Hoffnung baut.

Und sie ist Seligkeit, denn sie ist der Sieg Gottes über Schwäche und Armut, die Ankündigung der Auferstehung über die Tragik des Todes hinweg.

Gott begegnet dem Menschen in der Last der Armut, im Schmerz des Hungers und des Durstes, im Bewußtsein seiner Grenzen, im bitteren Todeskampf seiner letzten Tage.

Gott begegnet ihm, um ihm zu geben, wonach er verlangt.

Dieses Geschenk ist aber nicht mehr in geschaffener Gestalt, sondern im Ungeschaffenen. Nicht mehr im Abbild, sondern in der Wirklichkeit, nicht mehr in der Zeit, sondern im Ewigen.

Das irdische Haus wird so zum himmlischen.

Das Brot dieser Erde wird zum Brot Gottes.

Die Gesundheit des Leibes wird zum ewigen Heil.

Das Leben des Menschen zum immerwährenden Leben Gottes.»

SCHLUSS

Ich will nun zum Schluß kommen.

Ich hatte während meines Lebens Zeit genug, meine eigene Armut wahrzunehmen, die des Leibes, des Herzens und des Geistes.

Zuerst habe ich daran Anstoß genommen, sie war mir ganz und gar unverständlich. Später aber habe ich begonnen, darüber nachzudenken.

Die Begegnung mit Jesus im Evangelium hat mich dann gelehrt, diese meine Armut zu ertragen, zu dulden und anzunehmen. Als ich aber aus Christus und dem Vater den Heiligen Geist empfing, habe ich die Seligkeit der Armut verstanden und erfahren – und ich habe Ja gesagt. Ich habe gewußt: Das Leben geht aus dem Tod hervor. Das Sichtbare ist Abglanz und Bild des Unsichtbaren. Armut auf dieser Erde ist Hunger und Durst nach dem Himmel, nach dem unsichtbaren Gott.

Ich habe mich auf den Weg meiner Armut gemacht, um ihm zu begegnen, ihm, dem unsichtbaren und ewigen Gott. Er ist das Licht und das Leben, die Liebe und die Barmherzigkeit. Ein persönlicher Gott ist er, der Gott eines Abrahams, eines Moses und eines Elias, der Gott Jakobs und der Gott Christi.

Die Begegnung geschah oft in Dunkelheit, sie war nicht leicht. Ich wollte manchmal weglaufen.

Aber dann bin ich doch geblieben, ich habe Hilfe gefunden, die Hoffnung hat mich aufgerichtet.

Ich habe verstanden, daß Gott ein Gott ist, der kommt.

Und ich habe gewartet.

Beten heißt für mich: Warten.

Im Bewußtsein meiner Grenzen und Schwäche, in der Spannung meiner Liebe galt es, die Kraft des Wartens aufzubringen.

Und er ist immer gekommen. Freilich war sein Kommen jedesmal anders, jedesmal neu. Er ist ja das Neue schlechthin, ist die ewige Vielfalt.

Immer war es gut, bei ihm zu sein, auch wenn er mir oft in einer Liebe begegnete, die schmerzte. Als Gekreuzigter kam er mir entgegen und hat gefordert, meine Liebe mit meinem Leid und dem Leid meiner Brüder zu einen.

Ich hoffe – ich baue auf seine Gnade –, daß diese Begegnung an jedem Morgen und jedem Abend meines Lebens wiederkehrt.

Ich weiß, meine Armut wird immer größer werden, je näher ich an den Tod herankomme. Das Warten wird immer bitterer sein. Um keinen Preis aber werde ich an jenem unserem Treffpunkt fehlen.

Der fortwährend kommende Gott hat ganz von mir Besitz ergriffen. Meine Augen sind nun müde, die Dinge hier zu schauen, sie lächeln ihm schon entgegen.

Mögen sie offen bleiben und bereit, die Herrlichkeit seiner Ankunft zu schauen, wenn er zum letzten Mal kommt, den Schleier meiner Begrenztheit hinwegnimmt und mich mit seinem Volk – der Kirche – einführt in sein Reich des Lichtes, des Lebens und der Liebe.

Damit dieser Tag schneller zu mir komme, bete ich von nun an immer wieder mit den schönsten Worten der Apokalypse, mit jenen letzten Worten, die gleich einem Siegel über der ganzen Offenbarung stehen:

«Komm, Herr Jesus!»

Und mein wird die Freude und die Hoffnung jener Antwort:

«Ja, ich komme bald.» Amen!

INHALT

Vom gleichen Verfasser:

ALLEIN DIE LIEBE ZÄHLT

Anregungen zu einem engagierten christlichen Leben. Vertrauen und Gebet, Glauben und Liebe, aber nicht weltfremd, sondern auf dem Hintergrund unserer alltäglichen Wirklichkeit.

176 Seiten, broschiert. 3. Auflage
ISBN 3-557-91074-1 ISBN 3-87996-023-2

JENSEITS ALLER DINGE

Carrettos Streitgespräch mit Gott. Inhalt: Die Probleme unserer Zeit: „Ich möchte gegen Gott rebellieren, und ich weiß, daß ihm diese Art von Rebellion gefällt. Es ist die Rebellion der Liebe!"

148 Seiten, broschiert. 3. Auflage
ISBN 3-557-91074-1 ISBN 3-87996-023-2

WIR SIND KIRCHE

In seinem charakteristischen Stil stellt Carretto verschiedene Aspekte des Familienlebens dar: die eheliche Gemeinschaft, das Gebet, der Wohnraum der Familie, Kindererziehung ... Die Familie: eine Berufung zur Vollkommenheit.

140 Seiten, broschiert. 2. Auflage
ISBN 3-557-91-136 ISBN 3-87996-080-1

PAUL PATTLOCH VERLAG – ASCHAFFENBURG

VERLAG NEUE STADT – MÜNCHEN ZÜRICH WIEN